紫砂历史大散文

一壶乾坤

徐风 著

中国青年出版社

真正的艺人是不想成功的,所要的只是伟大。——凡·高

目录

开卷	陶都气场	● 001
一	供春：鼻祖开山	● 029
二	时大彬：天降大任	● 035
三	徐友泉：大匠天真	● 041
四	李仲芳：茗壶佳人	● 045
五	陈鸣远：一壶风月	● 049
六	惠孟臣：平静如水	● 057
七	邵大亨：铁骨与柔肠	● 063
八	邵友廷：珠之梦	● 069
九	陈曼生：凝望那个背影	● 073
十	杨彭年：造化	● 081
十一	杨凤年：风卷葵	● 087
十二	瞿子冶：俯仰天地	● 093
十三	黄玉麟：千秋玉壶	● 099
十四	金士恒：在那波涛尽头处	● 107
十五	康雍乾：深宫壶影	● 113
十六	程寿珍：冰心壶道	● 121
十七	俞国良：传炉真经	● 127
十八	李宝珍：壶隐长夜	● 133

十九	陈光明：圈里圈外 ● 139
二十	蒋彦亭：清风无奈 ● 145
二十一	范氏师徒：一棒神鹰 ● 149
二十二	冯桂林：一声浩叹 ● 155
二十三	汪宝根：旭斋狂壶 ● 161
二十四	任淦庭：道器合璧 ● 167
二十五	裴石民：风雅颂 ● 173
二十六	吴云根：云深何处 ● 179
二十七	王寅春：仁者归来 ● 185
二十八	朱可心：枯木逢春 ● 191
二十九	顾景舟：高山仰止 ● 197
三十	蒋蓉：静水深流 ● 207
尾声	大师在哪里 ● 217
附论	我们时代的风土诗人——评徐风的紫砂文学创作　汪政 ● 222
	紫砂壶里藏着的地图：追寻我们失去的故乡　沙蕙 ● 231
跋	陶都气场与紫砂兴衰史　何镇邦 ● 242

开卷

陶都气场

宜兴，位于江苏省南端的太湖西岸，苏浙皖三省的交界之地。境内颇多苍山清溪，故而得名荆溪。周初属于吴国，春秋末年，越王勾践灭吴，荆溪又改属越国。战国时期，宜兴曾为楚地，西汉初年，宜兴又有「阳羡」之称。三国时代，孙吴在江东建立政权，阳羡又属于吴。

《陶都》钱松嵒/作

老 •
故 •
事 •

  无论是一个人，还是一个地方，只有气场充沛，才能胸胆开张。
  说到底，生命是一种状态。或激越、或昂扬；或低迷、或猥琐；前者气场清朗，后者气场暧昧。地域亦有气场，水秀山清，乃气场丰润；穷山恶水，必定气场阻滞而衰微。
  宜兴，这两个字，就是一片鲜活的气场。
  散淡而闲放，优游而冥如。这便是古时之宜兴。自古以来，宜兴一直是天下文人的梦境。李白、白居易、李商隐、杜牧、卢仝、欧阳修、苏东坡、文徵明、岳飞、陆游、唐寅、沈周……一个长长的超重量级的文人墨客的豪华梯队，于历朝历代，在此留下了诸多传世的美文妙句。于是那波光云影、杏花春雨的悠闲所在，常常被解读成唐诗的故土；烟水寒笼、画舫船头的飘渺意境，被誉写为宋词的家乡；太湖的水流到这里，如一阕柔软绵长的滩簧古唱，婉约温雅、柔韧豪放；这里的山不高，却隽秀；不奇，却雅致；不险，却是天生的一派妩媚。正所谓濯清流以钓游鲤，坐茂林而观佳夕。
  遍地书香，既耕且读。宜兴人喜欢读书，风习古而有之。耕读传家的气脉滋润着这里的每一寸土地。古代宜兴，若不识字者，须年满三十六周岁方可进本家祠堂喝祭祀酒；如识字的，只消能诵四书五经，哪怕三尺孩童，亦可自由出入祠堂，祭祖时更可以排在不识字的长辈前面磕头。古时的祠堂是一个乡村的中心，它维系着一个村庄、一个姓氏、一个家族的光荣和秩序。一个成年男子不能进入自家祠堂，在江南农村莫如是一种致命的惩罚。

于是,"耕读传家"的古训,便成为悬在每家每户头顶的太阳。

想象那如钩的冷月下村庄消隐,原野里流动着的竟是不绝于耳的琅琅书声。那些风雨无阻的脚步,那些清澈无邪的目光,在每一次向乡试殿试冲刺的征程上,来自宜兴的学子,总是能以敦厚扎实的学风,前赴后继坚定不移的气概,在森严的考场上大放异彩。学而优则仕的神话在无数盏读书的油灯下闪烁着幽秘的光亮,悬梁刺股、凿壁偷光这样的艰苦卓绝的故事,则慢慢滋化为一股浩然之气,深深注入莘莘学子们的心头。四状元、十宰相、三百八十五进士。这些宜兴的人中豪杰隐逸于一千多年恢宏的文化长卷里,印证着一方灵山秀水的气场是何等充沛。

如此美妙的山水、文脉、风习,必得有神奇的传说陪衬着,方显出历史的契阔和韧性。我们的故事,就从古阳羡里那一个"富贵土"的传说开始吧。

在那远古的时代,宜兴丁蜀一带只是太湖之滨的一个小小村落。人们日出而作、日落而歇;耕作之余,取山间陶土,制作些缸瓮碗罐,以作日用之需。生活非常平淡简朴。一日,村里忽然来了一位形貌怪异的云游僧人,边走边喊道:"卖富贵土,卖富贵土!"村上人感到好奇,纷纷驻足观望。僧人见人们踌躇不前,又高声喊:"贵不欲买,买富如何?"

人们更加不知究竟,这个仿佛从天而降的破和尚到底要干什么呢?那异僧却越走越快,越喊越响;村上的几位长者觉得奇怪,便跟随其后,一路朝青龙山、黄龙山的方向而去。走到一个拐弯处,那异僧突然不见了,远处的天边,出现了一道绚丽的彩虹。老人们四下张望,忽见坡前有几个土坑,上前一看,里面全是五颜六色的泥土。老人们就把这些奇妙的五色土带回村里,让儿辈们捣炼烧制,竟出现与从前迥别的色彩效果,后来私塾里学生作文,便说是五彩缤纷。文人们说那成语匠气,不是性情文字;各凭了一壶茶,半盏酒,诗文便倾出无数来。那陶土有文辞滋润,自然又贵了几分。江山要有文人捧,陶器亦然。虽然也还是瓶罐碗碟,面貌个个平凡,与寻常生活贴切无异,却也因文人青宜兴的人杰中豪隐逸于一千多年恢宏的文化长卷里，印证着一方灵山秀水的气场是何等充沛。

《蛟桥夜月》史云桥/作

睐，渐渐稀罕得要紧，尤其那紫砂小壶脱颖而出，名声日隆。古时官人即文人，有雅兴笔墨，更有银子，如此趋之若鹜，泥土也宝贝起来。端的是，美文书美器，斗笔写沧桑。一日，传说那金价竟跌在壶下，大破民间记录，又让这里的人大喜若狂。

上帝偏袒

这样的一把土，上帝独独给了宜兴，是真的吗？

谁说不是呢！多少年来地质学专家反复考证，宜兴紫砂陶在我国乃至世界陶瓷中独树一帜，至今还没有在宜兴以外的地方发现紫砂陶土的存在。于是宜兴的历代艺人陶工便将这一把土的灵性发挥得淋漓尽致、达到了与珠玉竞价媲美的境界。

天下人不服。单是日本人，在他们的陶瓷产区常滑市周围挖地百丈，期盼能够发现类似紫砂矿土的材料。最终老天爷还是不帮日本人。虽然他们有太多的紫泥，但那紫泥里，不含半点砂的成分。按照日本人的性格，天底下的好东西都应该出在日本，或者好东西都应该留给日本人。于是他们恨不得把宜兴出紫砂土的黄龙山搬到日本去。

康熙四十一年，有个名叫包特格尔的德国人，在德累斯顿城仿制紫砂壶而名声大噪。但是，细心的壶客发现，包某的壶虽然外貌酷似紫砂，但壶的透气性极差，泡出的茶一点也不香。最后他们知道了，此泥非彼泥，所以此壶非彼壶。没有紫砂土，何来紫砂壶呢？

到西方世界转了一圈，宜兴人松了一口气。不仅日本，就是美国、意大利、英国这样的陶瓷工业高度发达国家，都没有发现类似紫砂泥这样的陶土。这些国家生产有各种红色的陶器，只能称之为"红色炻器"。中国地大物博，红色陶土分布极广，但所产陶土矿物组成、化学组成与宜兴不一样；为了解释这一点，相关学科的专家画出大量的图表，洋洋洒洒几十万言，来论证宜兴紫砂泥的独特性。

"女娲补天、抟土造人"，是我们黄皮肤黑眼睛的祖先，出于对天空和大地的敬畏，给后人留下的神话故事。在他们看来，人是泥土塑造的，最后人又回归大地、化作泥土。紫砂就是大地深处的一把土。要说简单，世界上哪有比它更简单的存在呢？但就是这么一把土，不加任何东西，捏啊捏啊，就捏出了一个奇妙的世界。文人喜欢说，乾坤千变万化，均可装进一壶。当它终于成为一把壶，它还是那把土吗？是耶非耶？就像中国的中药，把一些枯枝败叶放在一起煮，最后的神奇就在一碗汤里。水火土木，相克相生。中国古代哲学的经典，在紫砂诞生那天起，就与它一道穿越沧桑风雨，共同塑造着不朽的东方传奇。

天下人搞不懂，这个紫砂泥到底有多金贵？

方家说，金贵得紧哩。抛出一句古人的诗句：人间珠玉安足取，岂如阳羡溪头一丸土。

就是说，你就是把人间最值钱的珠玉拿来，也不能跟紫砂比。

这话有些玄乎。但就是这么一句玄乎的话，一直流传到今天。想想也是，一把壶多少重？半斤或一斤重吧；顾景舟一把壶拍了一千三百二十万元。那是什么概念？

又问，什么叫岩中岩、泥中泥？为什么紫砂既然称"五色土"，实际又只有红泥、紫泥、本山绿泥三种颜色呢？

方家又侃开了，说那紫砂矿土深藏于山腹地层之中，须如采掘煤炭一般打井取土。每一千公斤"甲泥"里，仅有三五十公斤紫砂土，故称"岩中岩""泥中泥"。

那么，紫砂泥中，什么泥最好？

清水泥、底槽青、红皮龙、白麻子、乌铁泥、天青泥……这些都是紫砂泥人对他们心爱的泥料的昵称。他们知道该用什么泥料来做什么壶。其中，"底槽青"乃是艺人们的最爱。用它做出的壶，黯肝色，内敛而蕴秀，有一种古玉般的天然韵味。

本山绿泥，其实是米黄色的；从前，本山称团山，那团山坐落于丁蜀镇黄龙山与青龙山北侧之交界处。它是紫砂泥矿中的夹层，表面有油脂状光泽，用本山绿泥做出的壶，特别温雅怡然。

方家又说那紫砂，贵在有"砂"，那是一种含铁量很高的独特材质。即便是在宜兴，也只有丁蜀镇郊黄龙山以及附近的甲泥矿层里才能找到。由于这种"砂"的作用，烧成后的紫砂壶外观，便会呈现出远比一般陶泥黏土丰富得多的肌理效果，它可塑性强，不易皲裂；它透气性好、盖不夺香而无熟汤气；它传热缓慢，保温性好，经常把玩尚有保健作用；它一经泡养和把玩，"火气"尽消，其"水头"和韵味，被玩家誉为"包浆"，其实，那是人与壶的耳鬓厮磨、不离不弃，把人的心气、情感，加上岁月的印痕，才让紫砂材质之美发扬光大的结果。

说紫砂是岩中岩、泥中泥，并非噱头，而是指它深藏于地下，隐蔽在甲泥层中，坚硬度和含铁量非常高，不易开采而已。至于"五色土"，倒是有许多壶客误解，以为宜兴紫砂壶，总共有五种颜色。其实，紫砂矿土的原色，就是前面说的那几种。可是，为什么会有那么多神采各异的天青、黯肝、水碧、葵黄、梨皮、墨绿、黛黑色？还有朱砂紫、海棠红、黄金段，等等等等。那都是紫砂艺人配制出来的，所谓"取用配合、各有心法、秘不相授、妙出心裁"，说的就是壶界调泥配色的一个秘规。史载，明代有个紫砂名工徐友泉，擅调制仿古土砂，后人称之为"熟砂技法"。泥色有海棠红、朱砂紫、定窑白、冷金黄；以及沉香、淡墨、葵黄等。他特别善于用调制后的紫砂肌理去模仿生活中那些果皮的质地与效果，如梨皮、栗壳、银杏等。几乎将紫砂泥的功能发挥到了极致。上帝给你的，就那几块土，能把它做成什么，就看你的造化了。就像画家，他就红黄蓝三原色，那丰富而斑斓的色彩，全是自己调出来的，凭着才情与技艺，他可以给你一个缤纷灿烂的世界。

明代的吴梅鼎曾经写过一部传世之作《阳羡名陶赋》，其中的一段文字，大谈紫砂泥色，把它翻译成白话文，读来很有意思：

说到那紫砂泥色的变化，有的阴幽，有的亮丽；有的如葡萄般的绀紫；有的似橘柚一样的黄郁；有的像新桐抽出了嫩绿；有的如宝石滴翠；有的如带露向阳之葵，漂浮着玉粟的暗香；有的如泥砂上洒金屑，像美味的梨子使人垂涎欲滴；有的胎骨青且坚实，如黔黑的包浆发着幽明之光，那奇瑰怪谲的窑变，岂能以色调来命名？仿佛是铁，仿佛是石，是玉吗？还是金？远远地望去，沉凝如钟鼎列于庙堂，近近地品味，灿烂如奇玉浮幻着精英。那是何等的美轮美奂！世上一切的珍宝，都无法与它匹敌啊。

紫砂矿土从岩中取出，质坚如铁；就像北方的农人屋檐下挂着的串串玉米，紫砂艺人的院子里，总是堆放着大量的紫砂原矿石，那不仅体现着一种富足，还意味着地道与正宗。同时，紫砂矿土正经历着日晒雨淋的风化洗礼。如果进入他们的宅第，进而入得他们的作坊，你就会看到一坨一坨垒得方方正正的紫砂泥。艺人们的口气会变得骄傲起来，伸手抓起一块泥，他随随便便地说那是三十年前的老泥。然后他会告诉你，那些坚硬的矿石经过数年风雨剥蚀渐渐风化，便状如粉末。天地日月，均在为紫砂矿土造化而聚力发挥。此时，泥尚不可用，须经长期陈腐伏土，方能退去火气，这样的过程就像贮藏老酒，时间越长，酒越醇香。譬如你到友人家做客，主人从地窖里拿出一坛酒，说这酒存了三十年了，你能不肃然起敬吗？生泥变成熟泥的工艺流程，艺人们常常秘而不宣；经过千百年的经验积累，艺人们祖传的秘方更是自成体系，各怀绝招。

气·
与·
脉·

顺着源头，我们放一叶扁舟，去探寻紫砂的奥秘。
是的，为什么紫砂艺术只属于宜兴呢？
除了地理地质上的天然优势，还有一个原因，就是宜兴有七千年的制陶史。宜兴城西郊的"骆驼墩"遗址考古表明，早在七千年前的新石器时期，宜兴的先民就在这片土地上烧造原始的陶器。长期积累的成型工艺和紫砂壶的诞生，在文化上都是一脉相承的。像汉罐的造型和打围身筒的手工绝技,就给紫砂壶提供了成型的依据。

从文脉的意义上说,宜兴属于江南要地,文献统计,从六朝往后的四百余年间,除了偶尔的战乱,虽然经历了诸多朝代的更迭,总体上还算安定。天下人都知道,江南乃温柔妥帖之地,风景旖旎之乡,特别是黄河流域的百姓大量南迁,给宜兴这块土地带来了印记鲜明的黄河文明,让江南文化融入了刚性的气质。再加上宜兴历史上的太守,不少就是文化大家,仅一个六朝时期,就有当时著名的书法家桓玄、羊欣、王俭、毛喜,著名画家刘瑱,著名文学家、书法家任昉等,在宜兴为官。六朝时期是江南文人大领风骚的年代,这些儒官的纷至沓来,给宜兴这个小邑增添了何等浓烈的文化色彩?宜兴百姓的崇文尚学,大抵从那时就开始了。

明代江南宜兴,经济繁荣,社会相对稳定。宜兴自唐朝至晚清所出的三百八十五位进士中,明代就有一百五十多位,系历代之最。其中状元、会元、榜眼、探花等就出了十多位。首辅、大学士、尚书等"省部级"以上官员有二十多个。如此深厚的文脉,为紫砂文化的兴起与发展孕育了丰厚的土壤。

洪武七年,朱元璋一声令下,以龙团凤饼无益于国民生计、助长奢靡风习为由,将茶饼改为散茶。历史没有记载这位朱皇帝是否精于饮茶之道,但中国饮茶却因此柳暗花明,另辟蹊径。大壶大盏退至一边,宜兴紫砂小壶迅即被世人所青睐。是因为壶小则茶香、壶大则不鲜;尤其是它泡茶不走味,贮茶不变色,盛暑不易馊,取暖不烫手。色泽光润古雅,茶汤纯郁芳馨;品格超凡脱俗,意韵深厚沉雄。风雅文人、达官名宦趋之若鹜,几与金玉同价。

朱元璋执掌政权后,十分重视兴修水利。洪武二十五年(公元一三九二年),曾动员四十万民工整修江南溧阳银墅东坝。此举对减轻宜兴、溧阳地区的水旱灾害,恢复、滋养该地区的民生,有决定性作用。宜兴旧县志记载,东坝修筑前后两百余年间,宜兴户籍的增长呈现出快速上扬的态势。洪武二十四年,宜兴共有三万八千六百五十七家户头,到万历四十年,宜兴已经拥有六万五千户人家。这在当时,已经是一个非常繁华的县市规模。人烟稠密处,必有商贾与集市。物畅其流,手工艺品亦如柴米油盐,得以登堂入室。如果说,元代推行的"匠户制度"让江南的青壮劳力被迫征募去京而大受其殃,那么,明代洪武年间实行的"轮班制",终于把广大农村的匠户从元朝工奴制度的桎梏中解放出来。老百姓可以按照自己的意愿生活了,他们的开门七件事中,茶被郑重地排在柴米油盐之后,不管江山怎样动荡更迭,不管生活如何艰辛,茶总是要喝的。于是茶具的讲究便放到了日常生活的重要位置。

地处太湖西岸的宜兴,居长江三角洲之中心腹地,与六朝古都南京、人间天堂苏杭、商贾重镇徽州等地相距不远,与当时的吴门画派、云间画派近在咫尺。有钱的宜兴人喜欢收藏字画古玩,民间藏有大量传世名作,宜兴成为当时一些画家、文豪的朝圣之地。这其中,苏州对宜兴辐射不可小觑。说明代的苏州掌控着江南一带的时尚生活,并不过分。就连上海青楼里的妓女,不管本人的籍贯是不是苏州,有点品位的红角都以说一口带苏州腔的吴侬软语为荣。当时江南流行着两个新名词,谓之"苏样"和"苏意"。凡服装、家具、器皿式样新鲜离奇,皆为"苏样",见到稀奇少见之事,则径称"苏意"。苏州东山出碧螺春茶,对茶具的要求自然很高。那时官人皆文人,一支狼毫坐天下。朋友知己,一炉烟、一壶茶、坐谈笑语,穷日彻夜,不啻桃源形境。宜兴紫砂壶,生下来就是文人的宝爱,无论器型、装饰、风格,都受到苏州文人与时尚的影响。

方家认为,简素空灵的明式家具,与同时期的紫砂壶器型有着异曲同工之妙。素雅简练、流畅空灵,删尽繁华、彰显精神,这是明式家具的特点。何为空灵?空其实非空也,比如,明月朗照的古松之下,万籁俱寂,清风拂过,远处有散落的笙歌袅袅传来,这"空"乃是"清空",不但不是一种单调,而是一种巨大的饱满。这饱满的感受因人而异,似可伸手触摸,却又杳杳若无。"灵"则是人们心灵的意象,月亮、星光、花影、风声,是虚像,亦是实像,是物与心交融之后出现的独特气场。一件家具,一把茶壶,无论简繁,都是有灵性、会呼吸的生命。

由于明代中后期的商品经济逐渐发达,工商业的繁荣给工匠艺人

《煮茶图》王问 / 作

不管生活如何艰辛，茶总是要喝的。

提供了一个展示自己才华的机会。原有的等级制度已经压不住人了，饱学之士也好，屠夫贩卒也罢，有本事就亮出来吧。毗邻的江西景德镇的瓷器已经热闹非凡，光是民窑就有二十多座，窑工则万余人。不断有景德镇的瓷器流通到宜兴，让宜兴的窑场"穷则生变"。郑和七下西洋，手工艺品大量外流，其中不乏宜兴窑场出的精品。一六七九年初夏的一天，一艘经过长途跋涉的货船缓缓驶进荷兰首都阿姆斯特丹港口。从船舱卸下的是来自古老东方中国的茶叶和紫砂壶。荷兰是个喝咖啡的国度，但充满东方神秘色彩的中国紫砂壶和清醇回甘的茶叶泡出的那一杯杯香茗，依然迷倒了有着日尔曼血统的咖啡客们。史载，当时仅是荷兰，就进口了两千把紫砂壶，足足可以装备一个紫砂团队。随即，紫砂壶又在暹罗亮相，并由此向东南亚一带辐射，在漫长的旅途中广结知己。

从海外传来的消息说，洋人非常喜欢咱们的东西。玩艺术已经不是官宦阶级的专利，明代市民文化的发育，让原本属于深宫的艺术不再稀罕。平头百姓一样可以雅玩琴棋，写书作画。反映在陶瓷上，就是迅速培育出一代能工巧匠。张岱曾在《陶庵梦忆》里感慨道："竹与漆，与铜、与窑，贱工也。"意思是说，元代时工匠的待遇甚至接近奴隶，试想在那样的环境下，匠人们的智慧如何得到尽情发挥呢？

如此，一切的一切，都在为紫砂壶的问世，创造外部条件。

于是乎，壶便应运而生了。

有了爱不释手的壶，更需芳冠九州的茶。如果宜兴有壶无茶，那壶也想必难以发扬光大。作为中国名茶的产地之一，宜兴自古山山有溪、岩岩有潭；雨水充足、气候温润。大溪小泉潺潺奔流，水色澄冽如晶似玉。早在三国东吴时代，"国山苑茶"即著称于江南。到了唐代，阳羡茶已蜚声南北，成为孝敬皇上的贡品。一时名流云集、群贤毕至。诗人卢仝曾这样写道："天子须尝阳羡茶，百草不敢先开花。"而茶圣陆羽不仅在这里吟风踏月、抚山弄水；汲南岭活泉、烹北园之茶，后来干脆在南山里住下来种茶、采茶、制茶。这里的一脉茗香被他记录在后来的传世之作《茶经》里。让宜兴的好山好水好茶再一次走到了历史的前台，之后又在一把紫砂壶里散发着独特的芳馨。

宜兴茶园

工巧于心

中国人对壶的感觉，一直是很深情和入微的。自古以来，壶是一种很实在的器皿，人们用它盛酒或水。水是人活命的一个依靠，酒则是人宣泄快乐与痛苦的一种琼浆玉液。人离不开酒与水，自然也离不开壶。如果我们温习一下历史，就会发现，那些封存的坛坛罐罐中最不胜枚举的便是壶。汉代的陶壶总是那样大模大样，它的器型，非常像一个"容"字。我们从中见到了大度、质朴、从容。壶的本身就是一种器量。一位文史作家说，中国人十分倾情地创造着壶，仿佛是在创造着自己。

紫砂乾坤千奇百妍；历代艺人以巧夺天工之技，将一把小小的紫砂壶出神入化，演变出万千英姿与风情。关键在于，紫砂壶的造型完全用手工拍打身筒、泥片镶接成型，每一把壶都留下了艺人的心态与技艺，成为世界造型一绝。其间又通过变形与装饰，彰显其斑斓多姿的风貌。可谓琳琅满目、美不胜收。我们把它细分一下，则大致可为三类：

一是几何形体，俗称"光货"。其中又分为方形和圆形器两种。"光货"的造型要求是"圆、稳、匀、正"，柔中寓刚而圆中有变，厚而不重且稳而不笨。方形器则追求线条流畅，轮廓分明，平稳庄重，方中寓圆。

二为自然形体，是一种模拟自然物体形态的壶艺。俗称"花货"。可雕可镂，师法自然。大千世界，花卉翎毛；瓜、果、虫、鱼；松、竹、梅、橘；皆可作为装饰。最能体现制壶艺人的匠心独运，以造化为师。提炼取舍是其根本，适度夸张为其艺术，寓意象征手法多样，源于自然而高于自然。

三是筋纹形体，俗称"筋囊货"；特点是将壶体分成若干等分，然后组成精确严密的整体结构。再组合成完整的壶体。上下映衬，身盖齐同，纹理清晰，明暗分明。单是口与盖严丝合缝，尚不足为奇，其工艺要求如精密机械,达到了无以复加的程度。

终于,一把承载了紫砂艺人和窑工血汗、经过了千锤百炼的紫砂壶出品了。我们如何来鉴定它的优劣呢?

壶人一相,神形兼备。不懂壶的人怎么看壶呢?那就像看一个人那样看吧,看他五官是否端正,四肢比例是否协调;看他神态是否自然。大度饱满、质朴从容,就是好壶。实用是必然的。泡绿茶宜选扁形口大的壶,这样散热快,不易变色;泡红茶宜选高形小口壶,经沸水冲泡后茶汤色香浓。还要看端把是否提握方便,壶嘴出水是否流畅,口盖是否严密。接下来要看色泽肌理效果,听其音质,就像听一个人说话的声音。一把好壶的音质,应该是沉稳、清脆的,有金属的质感;然后再看制作的精致程度,壶的表面应该光洁圆润、线条流畅、底部平整;刻画周到。最后要看印章,名家的壶,印章十分讲究,有一整套印章分别盖在壶底、壶把、壶盖内;大小相宜,还配有签名证书、作品照片等,有的在壶上某个部位做了暗号。总之,每个作者都有他的自身印记和防伪方式。

如果说,富贵土的神奇传说只是人们把朴素的心愿附丽于想象,那么,紫砂陶的发现和由此焕发的巨大魅力,却让世界记住了一把壶;记住了这个坐落在太湖西岸的壶城。"陶都"的美誉让宜兴一路风尘,从历史的深处走来;古老而充满活力的宜兴却有幸在时间风雨的穿越中呼朋引类、广结知己。

窑 •

这是一个非常中国的词:窑。

龙窑。那便是像龙一样的窑了。它匍匐在某一座山坡上,静功千年。修炼着它的功德。炽烈或者美艳,全凭着一窑火焰。

紫砂壶坯成了型,容颜既定,须入窑烧制,方能功德圆满。文人说,紫砂器之生命,于千度窑火中翩翩劲舞,终获涅槃。所谓千度成陶,却是一门迷宫般的学问。紫砂的历史到底有多少年?常见的说法是

"起于北宋，盛于明清"。其依据是一九七六年，考古工作者在宜兴丁蜀镇郊蠡墅村羊角山发现了一座早期紫砂窑址，由此专家们大胆推算，宜兴紫砂器的创始年代，上限一直可以推移到北宋中期，下限则可直抵元明之际。

宜兴民间，至今保存着一件出自北宋年间的紫砂器。从造型看它非常粗拙；然而已经隐现出古代工匠的智慧；窑火的冶炼技术虽不成熟，但它已经彰显出紫砂壶的雏形。砂质的颗粒比较粗犷，制工亦不够精巧。但它表明，紫砂壶在宋代已经站立起来，它显然还不够完美，人们在日常的饮用与玩赏中正一点点地感受到它的好处。那个朝代有一位爱喝茶的徽宗皇帝。他曾经写过一部《大观茶论》。茶文化由此从士人走向民间。

羊角山。在古老宜兴的版图上它只是一堆土丘。但如果要画一张紫砂地图，羊角山古窑遗址无疑是具有奠基意义的发端之地。在这里重见天日的不仅是那个遥远的北宋，更有众多从废墟里站立起来的艺术奇葩。遥想当年无数鲜活生命，在这里虔诚地劳动创造；于今堆积成山一样的废墟残片可以证明，我们的先人是如何深爱这片土地的。过去说神奇土地，应该首先是人的神奇；所谓鬼斧神工，乃是先人的血肉灵魂搅拌在紫砂土里，写下的不朽诗篇。

丁蜀镇的前墅村，尚存活着一座迄今已有六百多年历史的老龙窑。

龙窑，是宜兴古代陶工的非凡创造。它的形状，确如一条匍匐在山坡上的苍龙。在"龙脊"的两侧，均匀地分布着填放燃料的鳞眼洞。黯淡无光的陶坯，在千度以上的窑火中，渐渐变得通体透明。在窑工们的眼里，这都是一个个有灵性的生命。窑火点燃了，这时你会闻到一阵阵松针的清香，并不是窑的周围有松树林，而是松枝被用来做烧窑的柴火，它们一捆捆地被堆放在窑的两旁，像埋伏在堑壕里等待冲锋的士兵。

如果是有风的日子，窑场上到处弥漫着着松树特有的香气。老师傅们奋力将松枝填进鳞眼洞。它们一进入火口，瞬间就变成了白色的精灵，然后像飞蛾一样，在火中狂舞，然后，飞快地化烟化灰。老师傅说，用松枝烧出的窑器，釉水光润而发亮，且经久耐用。

龙窑,是宜兴古代陶工的非凡创造。它的形状,确如一条匍匐在山坡上的苍龙。

龙窑

紫砂器不用上釉，但如果给它以足够的窑火，它的成色就会变得古朴内敛、温润如玉。

火凤凰在两天两夜尽情的舞蹈中，涅槃而新生。而奇丽的窑变，赋予了紫砂陶器别样的风韵。它们既是实用的饮器，又是具有鉴赏价值的艺术品。明代有个叫欧子明的宜兴人，他创建的欧窑在当时非常有名，它继承了宋代南北各名窑的成就，烧成了宋代哥窑的纹片、官窑的青色和钧窑的紫彩。一首民歌里这么赞美说："欧窑妍如花，绚丽如晨霞。"

窑断了火，便是冷窑。老人们常说，性命性命，没了性，哪来命？火，便是窑的性命。

这窑火烧起来，历代有大说法。有时火烧得好，一夜东风，顺顺当当就是一窑好货；有时没来由地就烧不好了，那美器，不是裂的，就是塌的，满眼次品。人们就以为，在那烈烈的窑火背后，还有一双巨大的不可捉摸的魔手。今天的人们还可以通过"黑匣子"之类的秘器来解读一场灾难的缘起，但我们的古人只能虔诚地双膝跪地，他们的膝盖并非那么缺钙，而是他们对于那些还不懂的东西心生敬畏。无论是对自然界的巨大力量还是对心造的那些神灵鬼怪，他们总是郑重设祭，而窑场更不例外。在龙窑建造前，窑主必得请风水先生选看位置，择黄道吉日动土奠基，设三牲五鼎祭土地山神，迎德高望重的乡绅来主持祭礼并唱读祭词。那祭词半文不白，意思却通融而实在：上天敕封火德星君，下界敬尊南方菩萨。甲子某年某月某日某时，某某龙窑点火，窑主某某某跪拜叩首，焚香祷告，恭请临佑，享我烹尝，佑我兴旺。

三牲是指猪头、牛头和羊头，古代是以活品现场杀祭。五鼎是指用器具盛放美酒佳肴，"五"并不是具体的数字，泛指丰富的祭品。龙窑建造后，在炉尖嘴边和靠近炉膛间第一个鳞眼洞边，各安置一块石板，边上再竖石条。炉尖嘴边的一般用天子石凿成，石板叫牛头，石条叫南方神位，上书"火德星君神位"大字。火德星君俗称南方菩萨，本名祝融，为五帝之一颛顼的孙子，相传居住在南方尽头，故称南方，是四方神之一。生前担任过传播火知识的火官，被后人尊为火神。龙窑每窑点火前，窑主会在牛头上设五鼎祭并念祭词祈祷。鳞眼洞边的一般用石灰石凿成，石板叫马面，石条叫窑德神位，上书"窑德星君神位"大字。窑德星君俗称窑头菩萨，本名昆吾，为祝融弟吴回的孙子，相传不仅能制陶，还是一个陶窑建造高手，被后人尊为窑神。

窑火的光亮，遥远而绵长。它熬过了千载，依然在喷吐光亮。那些繁琐的仪式曾经消失了多年，如今又悄然恢复了。一样东西的复生，总有它的道理。动辄说它是迷信，是一种轻率的态度。今天的人们缺少的，恰恰是一种对大自然、对传统、对历史的敬畏之心。古龙窑至今不肯仅仅作为一座活文物而存在着，它隔三岔五地用一缕缕清烟在天空挥写着龙蛇般的一行大字：老爷子还行。

文 •
人 •
壶 •

说文人参与紫砂，宜兴人首先不肯放过的，是苏东坡。

宋代宜兴，已经是一个逾十万户的都市。有一天，苏东坡驾一叶扁舟，悄然驶入太湖。"吾来阳羡，船入荆溪，意思豁然，如惬平生之欲。"这位旷世奇才与宜兴有着天然的缘分。官可以不做，甚至文章可以不写，而阳羡茶却不能不喝。他在蜀山脚下讲学，提倡"饮茶三绝"，即茶须阳羡茶，水要金沙泉，壶须紫砂壶。后来的宜兴人喜欢用一种叫"东坡提梁壶"的款式，两叉在前，一叉在后；如此三叉提梁，一是便于搁在竹炉上煮水，二来呢，亦体现出"野饮"之风雅。若壶上再镌上"松风竹炉、提壶相呼"之类的雅句，则便从头到脚皆雅得不能再雅了。尽管东坡的时代还没有真正意义上的紫砂壶，但这里的人为了纪念苏东坡，遂将此壶命名为"东坡提梁"。他们都愿意相信，东坡大人正是有了这三绝之宝，才感叹一声，从此买田阳羡、种橘品茶而吾将老矣。

郑板桥喜欢紫砂壶。他有首诗曰："嘴尖肚大耳偏高，才免饥寒便自豪。量小不堪容大物，两三寸水起波涛。"板桥大人性情中人，他批阅公文、审理案子的时候，那把紫砂壶，就在他案头供着，好端端地替他撑起一股文气。有一次，属下犯错且狡辩，板桥大怒，顺手去抓惊堂木，没料想错抓了，好端端一把壶，已经被郑大人玩出了包浆，顷刻之间就粉身碎骨了。板桥懊悔而自责，说这是上苍对自己的惩罚。从此不再玩壶了，这个坊间的传说到底有多少真实的成分，谁也说不清楚。但板桥的那首诗，想来应该是玩紫砂壶的性情之作吧。

中国历史上的文人大概没有不喜欢茶与紫砂壶的。成功的文人都在做官，能插上一脚的地方，都能见到文人们忙碌的身影。得志与不得志的，皆挤成一团。种田人倒是不言苦，为官人却都说累。明代以后，社会风习受新儒学的影响，平淡闲雅、质朴温厚已成为一种时尚。文人们的内心到底文弱，受不住镶金错银，更扛不动青铜重器，你就是送他一座独善其身的园林，再送他一把"无事此静坐，一日如两日"的官帽椅，他也不会闲得住。关键是他的心闲不住。手上有了一把暖心贴肺的紫砂壶，那浑身上下的敦厚内敛、古雅蕴藉，倒是把文人们心骛八极的意绪收回来些了。以绚烂的生命之"轻"，来拯救严峻的功业之"重"，是当时许多文人的生活写照。有一位生于清顺治年间的文人张潮，写过一部仅一万多字的《幽梦影》，其中的文字，表明了明末清初文人们生活中的诗意达到了何等的高度：

楼上看山；城头看雪；灯前看花；舟中看霞；月下看美人：另是一番情景。

山之光；水之声；月之色；花之香；文人之韵致；美人之姿态：皆无可名状，无可执著。真足以摄召魂梦，颠倒情思！窗内人于纸窗上作字，吾于窗外观之，极佳。

梅边之石宜古；松下之石宜拙；竹旁之石宜瘦；盆内之石宜巧。

梅令人高，兰令人幽，菊令人野，莲令人淡，春海棠令人艳，牡丹令人豪。蕉与竹令人韵，秋海棠令人媚，松令人逸，桐令人清，柳令人感。

园亭之妙，在丘壑布置，不在雕绘琐屑。往往见人家园亭，屋脊墙头，雕砖镂瓦，非不穷极工巧，然未久即坏，坏后极难修葺，是何如朴素之为佳乎。

　　明季之后，中国文人的日常生活融合了儒、道、释的哲学理念，这里面既有儒家的温暖，又有道家的逍遥，同时也有佛家的清空。那个时代一方面文人纷纷入仕，意气风发；另一方面，朱元璋已经开始实行的文化专制主义也让许多文人屡遭迫害，命运坎坷。一时失语，是当时文人的真实状态。文人的集体失语导致了他们在精神上的集体出走。紫砂器的构造拥有自由和灵性，可以暖手温心，可以成全一种委托生命想象的大美，于是品呷香茗、把玩砂壶渐渐成为时尚，人生感怀寄寓其中，枕石醉陶已经足够，仕林官场已经忘情。如果既能诗书立世，又能游戏人生，在一把紫砂壶上寻找入世与出世的平衡点，那岂不妙哉！

　　在传媒不发达的明清时代，文人的诗文著作流传非常困难。他们发现，平生在笔墨上学得的拳脚，居然可以在一柄小小的紫砂壶上大放异彩。宜兴多溪山，一壶盛风流；茶陶欢欣处，恍惚是仙洲。许多传世的诗文与画卷，就这样不经意地从文人们的胸中流泻出来。有一句流传千古的禅林法语只有三个字："吃茶去。"那是叫人把缠绕于心的廿间烦恼抛却一边，以空虚清明的心境去过一种清淡无为的生活。

　　另一方面，没有名气的紫砂艺匠社会地位极其低下，做壶只为换饭吃，基本上没有尊严可言。他们非常需要借助官员与文人的话语权来提高自己作品的知名度。这样，文人与艺匠各得其所，体现在一把壶上，早已是血肉交融，哪里还分得出贵贱呢？

　　盛行于明代的理学，讲究正心修身、节俭养性。竹风一阵，清茶飘香；甚合于他们讲学交游、会党结社的风气。当时的江南已逐步成为中国的政治经济文化的重心地带。山清水秀的宜兴更是人文荟萃之地。许多文人志士聚集流连于此，品茗清谈、击节高歌；紫砂壶不用上釉，朴拙自然；合于人的本性。他们还惊喜地发现，一个小小的壶坯上，既可以题写壶铭、以抒发自己的人生感怀；又可以篆刻花虫鸟草，以寄托行云流水的性情。天下哪一种陶瓷器皿能与之比肩呢？想那才高气傲的徐文长，为了寻觅一把紫砂壶，专门从绍兴跑到宜兴，还写下了"青箬旧对题谷雨，紫砂新罐买宜兴"的诗句。

有经济实力的文人，像明代的赵宧先、董其昌、项元汴等，他们干脆专门在宜兴住下来，寻找他们合意的紫砂艺匠，在共同的交流、切磋中定制砂壶。还有的文人，如晚清的吴大澂，喜欢把紫砂艺人请到家中做"客师"，顾名思义，这是客人级别的师傅，区别于一般佣工级别的工匠。当时的紫砂艺人大抵文化不高、见识较少。突然被请到身价不菲的官宦人家，看到了平生从未见过的名家字画、文房雅玩、博古陈设，着实开阔了一把眼界。民间艺人大抵有个特点，过眼不忘且模仿性极强。没费多大劲，他们就把那些古玩上的好东西潜移默化到紫砂壶上来了。所谓的文人参与紫砂，骨子里就是这样的痴爱加才情；再加上名工的绝技，那才叫真正的珠联璧合。原本粗拙的紫砂壶因此文通气贯、风流韵畅；在闲散悠雅的岁月里默默提升着它的品位。

在中国古代，书法历来是文人的必修课，紫砂陶坯对他们来说，是另一种意义上的宣纸。半世倜傥、一生风流；性情所至，如高山流水，尽可在此一泻千里。

壶随字贵，壶因字传。由于古代文人和紫砂艺人的联袂创作，使紫砂壶渐渐摆脱了工匠气，从而进入了艺术品的行列。文人在其中的主要作用，除了设计壶样，还是撰写砂壶铭。那些阅尽沧桑、看透人生的绝句，其实是他们的另一种风骨。

百·姓·壶·

不能想象，乡下的老茶馆若是消失了，那人们还怎么活下去。

是的，中国的乡村大抵没有教堂。庙宇，是用来供奉神灵的；只有茶馆，才是人们宽慰心灵和洗涤精神的地方。乡坯，这是玩壶一族对乡下人做壶的统称。孬壶者，乡坯也。所谓乡坯，即是工艺粗糙、样式僵

老茶馆

中国的乡村大抵没有教堂。庙宇,是用来供奉神灵的;只有茶馆,才是人们宽慰心灵和洗涤精神的地方。

板，泥料不够纯正，等等。有钱人不屑用手摸它，文人雅士更不屑用正眼瞧它。于是，它们就只能进入百姓的寒舍，乡村的茶坊。

那茶，粗的；那壶，不但粗，还拙呢。窑场上的废壶，瘪的无妨，残的无妨，只要不漏水，拣了来，用久了，一样放出光来，称包浆。几十年，几百年，那包浆如镜子一般，照见人的前世今生。

村人说，城里小姐生俏，乡下婆娘也生俏。管它什么乡坏不乡坏的，那壶里全是百姓的乐子呢，没有茶叶也成，大麦炒一炒，比茶叶还香呢。一壶一壶喝下去，一样舒心润肺。有时候，人就是活一壶茶。人的精气神全在壶里。那壶跟着人的姓名，寿根、春生、坤大、来福、根宝……人叫什么，壶就叫什么。人走了，壶也跟着走，入那黄土，几百年后坟被扒了，壶又重见了天日。壶默默无言，壶不可能说咱几百年后还是一条好汉。

黄龙山下某村农民王老二的喝茶生涯持续了一个花甲。他每天清晨起来，去自家地垄拔几把青菜，摘几只茄子、青椒，放进一只弧度很长的竹篮里。搭背在肩上。然后，踩着清晨残月的光亮，去一箭之地的小镇茶馆喝茶。他口袋里并无茶钱，不过无妨，茶喝到一半，他会站起来，把茶壶盖子反盖在壶上，这个约定俗成的动作表明他过一会儿还要回来。他去了哪里呢？老茶客们都知道，他去菜市了，一会儿他把那新鲜的青菜、青椒和茄子卖了，他就有了茶钱。农民王老二就这样喝茶，这一壶茶对于他非常重要。太多的风霜、劳累、委屈、不平，都可以被这一壶茶浇得干干净净。这壶茶一喝就喝了六十年。有一天王老二喝茶的位子空着了，但没有人占他的位子，好像他还在那儿喝茶，后来许多天，王老二一直没有来。大家终于知道，王老二来不了了。奔赴黄泉的路上，他没有来得及带上那把喝茶的老壶。它一直被冷落在壶架上吃灰尘，后来被一位城里来的先生收走了，说那壶，虽然是乡坏，但上面有一个花甲的包浆呢，这壶应该进博物馆的。于是，农民王老二虽然殁了，但他进博物馆了，这事情一直被王老二的茶友们议论着，最终还是老大不解。

江南乡镇的小巷深处，一年四季都飘着茶香；鼎沸闹市、寻常巷陌的老茶馆更是星罗棋布。无论时代兴衰、王朝变更，壶中沸水依然滚，茶里言语扑面香。太多的王老二把生命里的宝贵年华留在了一壶荟里，泡老了悠悠岁月，恍惚了百年人生。门楣寒碜的老茶馆里，那一排排黑苍的紫砂老壶已经记不清侍候了几代茶客，温暖了多少从风雪驿道而来的寒士，抚慰了多少潦倒失意的心灵，承载了多少普通人的欢愉和惆怅；垒起七星灶，砂壶煮三江；一个砂壶四个杯，风清月朗美紫砂。它支撑着一个乾坤，汇聚着绵绵浩气；记叙着昨夜长风，寄托着人生的念想。

关于壶，台湾作家林清玄有过这样细微的描述：

一个朋友家里有几十把茶壶，用以泡不同的茶，对我来说有一点不可思议。他说："茶壶是很奇怪，只要混过了别的茶叶，就一辈子也洗不清了。所以一把壶只能泡一种茶。"

"这到底是为什么呢？"我问。

"可以这样说，茶壶是有细胞的，泡茶的时候，它的细胞就张开，吸进饱饱的茶，从此它的基础就奠定了，以后每次泡茶，壶也和人一样喝茶，积出来的就叫茶山。"

然后，他告诉我许多养壶应注意的事项，例如茶壶不可以放在橱柜里，因为壶是有呼吸的，它一吸进油烟，永远也洗不清；例如好壶不可以泡劣茶，会破坏一把壶的味道与色泽；甚至于壶要放在空气流通的地方，否则就会有窒息的气味；壶要常常使用，否则就失去了光泽。

养好一把壶以后又怎样呢？

"对于一个嗜茶的人，壶是他的化身，只要看见一把壶，几乎就看见它的主人了，不擅品茶、不真爱壶的人是养不出好壶的。一把好壶，它的外表和内里都酝酿了时间的光泽，有着深沉的香气，即使不放茶叶，光是冲进开水，也会有茶的香味，那香味是无数好茶所凝聚起来的。"

"最重要的是，当你拥有一把好壶，光是想象曾有多少知己与你共饮这一壶，它就收藏了无数友谊的记忆。面对那样的好壶，纵是独饮，也要醉了。"

原来，一具小小的茶壶也是有动静、有回忆、有历史、有呼吸、有生命的，它的壶水是生命之水，穿过了一个好主人的关心与爱而呈现金澄精碧之美，壶都能展现这样美的生命，何况是人呢。

在陶都宜兴的大街小巷，只要你稍加留意，便可以看到琳琅满目的各式紫砂陶器。一些普通的门楣、寻常的宅第，推门进去，没料想竟是一个叹为观止的紫砂艺术世界。世代相传的壶艺，于平淡中彰显出博大与丰厚，新和旧的故事都在壶里。当你终于领略了宜兴的风土，解读了荆溪的湖山，尤其是从那醉人的茶香里遥想那千年的往事，你才能叩响古老紫砂的门环。

一 供春：鼻祖开山

其实，供春壶比供春本人重要得多。无论供春是男是女，他都是紫砂历史上的一个文化符号。人们之所以把供春奉为紫砂壶的开山鼻祖，是因为紫砂从供春开始，终于从简单的喝水器皿纵身一跃，获得了艺术的生命。

供春壶 供春／制

说起江南宜兴的自然风景和名胜古迹，可谓洋洋大观。我们缓缓打开一把历史的折扇，就会看到这里还完好地保留着"浪子回头"的东晋大将军周处的庙宇；梁祝故事中祝英台的读书处碧鲜庵，则深藏在秀丽的螺岩山中；乾隆皇帝三下江南寻父的"天下第一祖庭"，至今梵音不绝。然而，有一座在中国紫砂历史上具有特殊意义的金沙寺，如今却已不复存在了。这里原来是唐朝宰相陆希声晚年隐居的地方。不过，历史之所以记住了这座不一般的寺庙，并不因为那位昙花一现的宰相，而是因为它的主人和一位名叫供春的书童。

　　金沙寺位于古阳羡（宜兴）君山之隅、东溪之上。建筑雄伟，环境绝幽。这里的老僧肯定不是一般的和尚，用今天的话说，他应该是有点艺术细胞的。他懂茶道，平时常与一些制陶工匠接触。明代正德年间，宜兴丁山一带的制陶业已十分兴旺，金沙寺附近就有陶瓷的作坊，平时的耳濡目染，老僧肯定能做简单的紫砂器皿。当时有一位名叫吴颐山的官人，带着一个书童在这里读书休养。吴颐山名仕，字克学，宜兴人，文才极好，与吴门画家唐寅是好友。正德甲戌年进士，以提学副使擢四川参政。他的书童名叫供春。旧志说他"髫龄颖异"（笔者更愿意他是一个不得志的文学青年）。老僧做壶的时候，他就在一旁偷看。日子久了，他就学到了做壶的本领。老僧之壶毕竟粗拙，且缺乏艺术想象与夸张。供春觉得，如果给他一坨泥，他会做一把更好的。有一次，趁大家不注意，他取了一点老僧做完壶洗手后沉淀在缸底的紫砂泥，模仿寺旁一棵大银杏树上的树瘿纹样，做了一把紫砂壶。当时他并没有做壶的工具，只有一把茶匙，所以在壶面上留了很多手指螺纹印。反而显得古秀可爱。

　　此壶乍看似老松树皮，呈栗色，凹凸不平，壶把似松根，质朴古

供春学艺 徐秀棠 / 雕塑

供春模仿寺旁一棵大银杏树上的树瘿纹样,做了一把紫砂壶。

雅，如同古铜器一般。吴颐山见后非常惊讶，心下对这件意想不到的作品宝爱有加，于是供春又做了几把，更是博得当时的官宦文人青睐。一日，吴颐山对供春说，再做书童，你就浪费了，自己去闯江湖吧。

从此供春便浪迹天涯。

据传，供春后来还做过"龙蛋""印方""六角宫灯"等壶。但世间最看重的，还是他的处女作"树瘿壶"。旧志称该壶值"五百金"，而且求壶者趋之若鹜。明文学家张岱《琅环文集》中对供春壶的描述也是五体投地："古来名画，多不落款。此壶望而知为供春也，使大彬冒认，敢也不敢。"供春之后出现的时大彬是与供春齐名的一代宗师，但张岱的观点非常鲜明，他笔下的供春壶绝对高出时大彬许多，一是"望而知之"，二是即使时大彬冒认，也不敢造次；张岱还在他的《梦忆》中说供春的砂罐"直跻商彝周鼎之列而毫无愧色"。

为什么供春壶历朝历代受到如此追捧？因为那是一件划时代的作品，在它之前，紫砂还在无边无际的隆隆黑夜里踯躅。中国的民间收藏心理中，猎奇占了很大比重。对于收藏者来说，"得到"与"拥有"是一种巨大的心理安慰。但供春就像一个飘忽无定的谜，除了稀罕的几把壶，他只留给我们一个模糊的背影。

历史上对供春的性别颇多歧见。明末江阴周高起认为供春是女性，周撰文曰："供春，人皆为龚春，予于吴炯卿家见时大彬所仿，则刻'供春'二字，足折聚讼云。"

周澍《台阳百咏》注："供春，吴颐山婢名，制宜兴茶壶，或作'龚春'，误。"

以上诸君都一口认定"供春"是女性。于琨《重修常州府志》写道："宜兴有茶壶，澄泥为之，始于龚春。"

清吴骞《阳羡名陶录》亦曰："世以其系龚姓，亦书为龚春。"

另有李景康、张虹合著的《阳羡砂壶图考》说："梅鼎举其名，故曰'龚春'，是由姓龚名供春无疑。"这是"龚供春"一说的来历。供、龚谐音，因此有人认为供春应是龚春，"供春"是其名号，不是姓氏。据《前尘梦影录》载："春何供，供茶事。谁云者，两丫髻。"从这段抄录的铭文中，方家认为"供春"是历史上第一个留下"名号"的大师，而丫髻则是女性的标志。

其实，供春壶比供春本人重要得多。无论供春是男是女，他都是紫砂历史上的一个文化符号。中国民间文化每一个阶段，总会有一些奇人异事杀将出来，用他们的生命火花点缀着漫长的岁月，书写着动人的传奇。人们之所以把供春奉为紫砂壶的开山鼻祖，是因为紫砂从供春开始，终于从简单的喝水器皿纵身一跃，获得了艺术的生命。

供春壶从此不胫而走、名声鹊起；世人争相竞购，几与金玉比价。但他所制作品极少，流传后世的更是凤毛麟角。许多收藏家和鉴赏家都因为未能亲眼见过供春壶而抱憾终身。

时间到了公元一九二八年，宜兴有一位名叫储南强的爱国绅士，在苏州的一个地摊上意外地发现了一把造型奇特、没有壶盖的"供春壶"。从那以来，所有的关于储南强与供春壶的推介文字都是这样表述的：储先生抑制住内心的激动，不动声色地用一块银元将其买下。此后相当长的时间里，为了考证这把"供春壶"的真伪，储南强多番奔走、旁征博引，写下几万字的考证文章；终于肯定这把壶确系供春所作。他还专门请来了制壶名手黄玉麟配了一个壶盖。画家黄宾虹看后认为仿北瓜蒂柄与树瘿不符，于是又请另一位壶艺大家裴石民重新配了一个壶盖。一时成为佳话。

英国大英博物馆知道了供春壶的价值，就派人来找储南强先生，提出用两万美金收购"供春壶"，被储先生一口拒绝；抗战爆发后，日本人几次想占有供春壶，不惜用重金与巧言收买。储南强干脆躲进深山，四处漂泊。一直到解放以后，他才把这把几经沧桑的"供春壶"献给了国家，现在陈列在中国历史博物馆。

有一个人，就是后来的壶艺泰斗顾景舟，对上述这个故事一直心存疑虑。储南强手里的供春壶，到底是不是真的？顾景舟是个有独立思想的艺人，他国学底子厚，对紫砂历史甚为精通。到了晚年，有些话他不得不说了，但一直没有机会。关于他对供春壶的见解，本书将有后述。

其实，在储南强的晚年，他已经知道当年他花一块银元买下的那把壶,并非供春真迹。专家认为,第一是泥料不对,二是款型有异,三,也是最重要的,是气息不符。这三句话扩展开来,或许可以写一篇洋洋洒洒的论文。储先生很开明,但他不可能写文章宣布他的"供春壶"不是真的。这个故事的后半部分,他留给后人去写了。然而,约定俗成的故事具有强大的惯性,今天的人们说起"供春壶",还是储南强的版本。

不管如何,"供春壶"的诞生,不仅开创了一代壶艺风气,还为文人参与紫砂架起了一座桥梁。中国古代的文人墨客,历来是重书画、轻工艺,认为那只是不登大雅之堂的雕虫小技。但他们却在紫砂壶上找到了那种内敛含蓄、古朴温厚的品性。

二 时大彬：天降大任

对于紫砂历史来说，时大彬这个人物太重要了，从他开始，紫砂壶的一整套制作技法才大体建立。

一个凡夫俗子，能有这样的功绩，殊属不易。

到了明代万历年间，紫砂壶的风格，也由原来的粗放朴拙，转变为精细润活。

柿蒂纹三足壶　时大彬／制

又一位历史人物悄悄上场了。

供春之后，第一位紫砂名手，当数时大彬。

生于明代万历年间。按理，那是一个胸胆开张、元气淋漓的年代。对于紫砂历史来说，时大彬这个人物太重要了，从他开始，紫砂壶的一整套制作技法才大体建立。一个凡夫俗子，能有这样的功绩，殊属不易。紫砂壶的风格，到了明代万历年间，也由原来的粗放朴拙，转变为精细润活。时大彬并没有把"革新"挂在嘴上，但他和他的弟子们，用大量流传后世的作品，掀起了紫砂历史上第一个革新高潮。

史书认为，时大彬对紫砂最突出的贡献，莫过于把"斩木为模"的制法，改为捶片、围圈，把打身筒的成型法和泥片镶接法结合起来，成为紫砂工艺史上的一次大飞跃。当时有一位名叫周容的文人在他的《宜兴瓷壶记》里这样写道：

至时大彬，以寺僧始，止削竹如刃，划山土为之。供春更斫木为模。时悟其法，则又弃模。

这一段短文非常重要，它记述了金沙寺僧、供春、时大彬等三人的制壶方法和演变过程。

走进历史的深处，我们知道，大彬是时鹏的儿子，乃父号称紫砂"明代四大家"之一。大彬心高，父亲那点成就，也就那么回事，他并不太以为然。儿子自有儿子的心事，在他看来，从技艺上超越父亲并不难，但紫砂壶到底还能走多远？他心里没底。

生吾者父母，知吾者供春也。时大彬内心真正的师父，其实还是供春。他仿"供春壶"，神形兼备。大彬一向擅制大壶，风格趋于朴实坚致,但做多了,不免重复。他自己开始不满意,老是摔壶,别人可惜,他还是摔,做十把壶,留下的,只有一二把。

阳羡溪山虽然风流倜傥,但毕竟格局太小,窑场更是局促狭窄。他多么需要出去走一走。

据说时大彬其貌不扬。当时的文人用笔尖刻,有一位徐应雷先生曾经对他的"行状"多有不恭之词:"其状朴野,鼇面垢衣。"甚至还取笑他不剪指甲,以至把他的指甲印留在了紫砂壶上。(黄宗羲《文海》)但是文人们的挑剔是片面的,时大彬不拘小节,是个性情中人。他开朗健谈,善于结交。离上海不远的常熟、松江一带,有他许多朋友。他的"娄东游历",改变了他以后的人生。

以壶会友,结交知己。时大彬在几百年前就做到了。太仓王世贞,松江陈继儒,都是当时名噪一时的文人墨客。时大彬与他们交往、切磋久了,自感文气入怀,受益匪浅。朋友们以为,大壶贮茶固多,但容易走味,提携品玩也不方便。何不将壶缩小?于己于客,多多方便。

灵感,或许就诞生于某个清晨或黄昏,大彬遂将大壶改成小壶,这一款端的是素面无华,风骨冷峻,甚合文人心意。没承想如此一改,名堂就出来了,小巧的紫砂壶变成了玲珑剔透的掌上珍玩;其身价也直线飙升。明代万历年间,景德镇已经成为全国的瓷业中心,但当时地道的茶客,对于景德镇出品的瓷壶,则持坚决否定的态度,因为,阳羡紫砂壶已经脱颖而出,"盖不夺香而无熟汤气"等特点已经显现。当时的文人许次纾在他的《茶疏》里这样写道:

近日饶州所造,极不堪用。往时供春茶壶,近日时大彬所制,大为时人宝惜。

由此可见,即使是在当时信息极端封闭的时代,时大彬也已经是全国级的名人了。就像我们今天的某些紫砂名人,当他们的作品一旦被中南海紫光阁、故宫或国家博物馆收藏时,就会感到是一种特殊的荣耀一样,"千奇万怪信手出,宫中艳说时大彬"。当时皇宫里的王爷们,

剔红方壶　时大彬／制

「圆僧帽壶」之形状，颇如一顶僧帽，和大彬后来的壶艺相比，此壶工艺显然不够精当，但壶体气、韵俱足，已经显露出大家气象。

圆僧帽壶　时大彬／制　李明／收藏

也都对大彬壶跷起了大拇指。可不是么，鼻烟壶固好，也只是鼻子舒服，紫砂壶既能雅玩、又可品茗，爷儿们谁不喜欢？紫砂壶生来就素面素心，皇宫里的爷儿们锦衣玉食，都不太吃那种太素的东西。时大彬的壶，开始是被刷了多层雕漆，作为"内胎"，等于披了一件锦袍，才得以进宫，受到了大人们的青睐。我们来看一看那件时大彬得以进宫的紫砂雕漆四方壶吧，圆口，方身，曲流，环柄，下承四折角条形足。器身虽为方形，但棱线自上而下微有弧度，方中有圆，设计精妙。壶上雕刻不同锦地花纹，正面饰松荫品茶图，背面饰高士对谈图；左右两面乃是杂宝花卉图案，流与柄，一派飞鹤流云。此壶如今还完整地保存在故宫博物院，属全世界仅存的孤品。

可惜，今天我们能够欣赏到的大彬作品已经不多了。

"圆僧帽壶"，二十世纪九十年代出土于江苏江都县。砖红色，欠火温。胎土明显不熟。藏家李明认为，此乃时大彬早期作品，制作技艺稍显粗糙而不够成熟。壶底系制作好后接至壶身，底款：时大彬于茶香室制。楷书，工整而秀丽。此壶最大的价值在于首创紫砂之型。清初戏剧家李斗《扬州画舫录》中记述了大彬壶的特征：大彬技指以柄上拇痕为标识，每壶之把手上下有明显的指纹印。"圆僧帽壶"之形状，颇如一顶僧帽，和大彬后来的壶艺相比，此壶工艺显然不够精当，尤其是壶之盖钮，粗糙而不圆润，但壶体气韵俱足，随心所欲之中，已经显露出大家气象。

"虚扁壶""扁"乃壶型，"虚"则是壶之境界。执虚如执盈，扁壶要有满的感觉。壶功扎实的紫砂艺人都知道，虚扁壶贵在肩不凹、腹如棍，虚中见实，实中盈虚。紫砂艺人潘持平曾著文讲述他见到时大彬"虚扁壶"时的感受：

> 此壶到手一看就令人一惊——特轻，且泥质较粗，自然砂颗粒显现，系紫砂壶里少见的极扁造型。气神俱足，艺趣盎然。能做这样难度极高的器型，莫非天神？壶底书刻"大彬"二字，笔画清晰无缺损，此壶泥料与技法与无锡出土的"三足圆壶"异曲同工……

"三足圆壶"，出土于一九八四年的无锡甘露乡，经专家严密考证，此乃时大彬早中期作品。壶呈浅褐色，材质为粗砂施铺砂，由于当时的窑火技术尚有欠缺，壶体上还留存着火疵痕迹。但大彬壶那种特有的敦雅古穆，和紫砂光器所需要的扎实功底，已经充分显露出来。壶质乃粗砂，壶嘴的线条舒展曲扬，妖娆动感内蕴丰富。壶把呈耳朵形状，自是玉气氤氲。壶盖上贴塑四瓣对称的柿蒂花纹，谐合民间口彩"事事如意"。壶身似球状，圆稳而闲适，下承三乳头形矮足，壶钮圆纯，口盖严密精致，气度古泽朴人眉宇，足以体现一位成熟的紫砂巨匠的艺术风范。

　　对于当今的紫砂艺人来说，"三足圆壶"的出土，等于是一座沉睡了三百年的东方维纳斯横空出世，如此说来，一九八四年，当是紫砂艺人的福祉之年。而大彬壶的绵绵气息，自然将永远游弋于紫砂天地之间。

三

徐友泉：大匠天真

中国古代是个仕途社会，有学问的，必得把学问折换成官帽；有手艺的，除了换钱，要的是坊间的口碑，若是万一被官府看上，那就是几世修来的造化，而『进官』一词，对于一般人来说简直太奢侈太荒谬了。鲤鱼跳龙门，常常出现在老百姓的年画上，那仅仅是平淡生活的一种念想。

三足炉鼎壶　徐友泉／制

在时大彬那个时代，能得到一柄"时壶"，当是一件非常奢侈的事情。说到底，时大彬的身价，还是被宫廷炒热的。明人的饮茶习惯由煮砖茶改为沏泡散茶，紫砂壶终于在明万历年间进入宫廷，时大彬当属首位。那个时代资讯闭塞，什么都得靠口口相传，"畅销"是件太不容易的事。当时有一个名叫徐士衡的艺人，非常钦佩时大彬，一头拜倒他门下，日后便成为时氏高足。他心里的最高愿望，就是有朝一日，也能把自己的壶打进宫中。这种民间艺人盼望被朝廷"招安"的心态，跟当今许多从艺者的想法是一样的。

　　徐士衡字友泉，据传，他是当时紫砂艺人里少有的擅书法者。那笔法学的是时大彬，字体挺秀而颇见骨力，且谨严工整。他父亲就是个时壶的铁杆粉丝，儿子跟时大彬学艺，老爷子恨不得拿根鞭子在后头。坊间传说，一日他去时府探班，见时大彬正在案上雕刻一头紫砂牛，那手法简直眼花缭乱；儿子则在一旁面有倦色，左右顾盼而心不在焉。徐父大怒，那藤条拐杖颤巍巍地就要落下去，儿子眼快，抓过一块紫砂泥，拔腿逃窜，乃父紧随其后。行至一老柳树下，一头水牛正匍匐于树荫下歇凉午眠，见有人奔来，头颅上昂而屈起一足。徐友泉对着那水牛，将手中泥块飞快捏了起来，不多时，竟捏出一头活灵灵的水牛，与树荫下的那头水牛惟妙惟肖。老爷子一时看得呆了，扔了拐杖，掉头就走。在场的看客亦无不喝彩。时大彬知道了这件事，十分惊讶。一个天才级的学生在他的眼皮底下竟然被如此熟视无睹，大彬连称汗颜。这小小的时家作坊，如何留得住一匹千里马呢？一日与友泉对饮，师徒俩袒露心扉，仗着酒醉，友泉竟将那个内心的秘密和盘托出，一番话更令大彬刮目相看。不过，他告诫弟子，世上名利之事，万应看开。你想，我的壶不是进了宫么？又如何？无非多赚了几两银子。浪得虚名，若鸭背之水

仿古虎镦壶　徐友泉／制

徐友泉饱读古书，胸中滋养古气，所制之壶，必古意盎然。

珠，一颗也留不住的。如果一心想着进宫，为了进宫而制壶，那壶的气格必然就猥琐。心不静，壶安能虚静？

也许这是时大彬给徐友泉上的最重要的一课。

史载，徐友泉擅调制仿古土砂，后人称之为"熟砂技法"。泥色有海棠红、朱砂紫、定窑白、冷金黄，以及沉香、淡墨、葵黄等。他特别善于用调制后的紫砂肌理去模仿生活中那些果皮的质地与效果，如梨皮、栗壳、银杏等。几乎将紫砂泥的功能发挥到了极致。他饱读古书，胸中滋养古气，所制之壶，必古意盎然。所制作品有"汉方""鹅蛋""云雷""顶莲"等，大抵迎合着当时文人士大夫的审美情趣。代表作品之一"仿古盉形三足壶"，酱肝色，粗砂，直流，壶身简约坚瘦，器型饱满而不张扬；壶盖为分合之四瓣，一条弧线自壶顶直下，于壶底会合。壶底三足，稳健而立；镌印"友泉"，笔体流畅而雍容大度。环柄之上镌有龙头吉纹，表现出明代士大夫怀旧嗜古的书斋情怀，在器型上又尽显王者气象。不管有意还是无意，徐友泉的作品在仿宫廷酒器玉器方面着实下了一番功夫。进宫，其实还一直是他心头一个神圣的理想。

中国古代是个仕途社会，有学问的，必得把学问折换成官帽；有手艺的，除了换钱，要的是坊间的口碑，若是万一被官府看上，那就是几世修来的造化，而"进宫"一词，对于一般人来说简直太奢侈太荒谬了。鲤鱼跳龙门，常常出现在老百姓的年画上，那仅仅是平淡生活的一种念想。在此后几百年间被皇宫陆续收藏的几千件寂寞的紫砂壶中，我们无从得知有无徐友泉的作品。"仿古盉形三足壶"长期流落民间，最终被香港茶具博物馆收藏，这是他存世不多的作品之一。《阳羡茗壶赋》曾对徐友泉作出较高评价，说他在紫砂泥色的配制上"种种变异、妙出心裁"，"若夫综古今而合度，极变化以从心，技而进乎道者，其友泉徐子乎"。

徐友泉晚年曾经感叹："吾之精，终不及时之粗。"这不单是一个虔诚弟子对导师的崇拜之言，高山仰止、景行行止，宗师之作可以临摹到乱真，其风范却是不可复制的。

四
李仲芳：茗壶佳人

茗壶若佳人，
丰而不腴，
艳而不俗，
玉树临风，
秋水春云；
窈窕而不风骚，
温情而非淫荡，
此乃佳人，
亦为佳壶也！

觚棱壶 李仲芳／制

那个走路飘飘荡荡的相公，真有意思。有人说他早晨是皮包水，捧一壶茶，邀三五友人，嗑瓜子，玩鸟笼，可以喝到日晒三竿；到下午，他是水包皮了，扑进那澡堂子，汤气氤氲，海聊神吹，他就是神仙了。有时，他囊中羞涩，连一个银角子都没有，可总有人请他的客。他善饮，用大杯，喝的是白酒。人又豪爽，喝高了，趴下，有时摔倒在阴沟里，那有什么？爷们嘛！有时，还有人把他请到家中，原来，他是制壶的高手，他做的紫砂壶，小巧，精雅，有人说，比他老子的壶都强！

明万历年间迁至宜兴，他善制紫砂小圆壶，史称"名玩"，慕名收藏者颇多。原先，紫砂壶烧成，都是搭放在陶缸内，不免沾上缸坛釉泪，从李茂林开始，紫砂壶另辟匣钵，烧出的紫砂壶，清新赏目。史书认为，这是李茂林对紫砂的一大贡献。

仲芳随父制壶，本是天经地义。但仲芳好玩，常去那勾栏瓦肆，喜欢朝歌暮弦、鲜衣怒马的生活。明时江南宜兴，已是太湖流域的一个繁华都市。"民殷富，人肩摩，庐舍鳞次，商贾辐辏。"（《江苏通志》）那时有身份的男人，首先得会玩。那琴棋书画、丝弦管乐里，既有人生大乐，必有人生大悟。虽然当时的理学家王守仁抬出了"天理"和"人欲"相抗衡的学说，但世风日下，人心早已不古。爷儿们认为，无论天怎么塌下来，玩一定是人生最重要的事情。

李茂林不断接到街坊们的举报，说那仲芳见到美女，眼神总是直勾勾的，像是要一口吞了人家。止不住心头大怒，茂林先生以家规责打仲芳。可怜仲芳瘦弱身子，哪里经得起打？街坊们说，他抽身逃跑的姿态，颇像一只野鹤。

有一天，李茂林的好友，制壶大王时大彬来访，见仲芳正在父亲的作坊里制壶，那一招一式，让他心下喜欢。茂林却在一旁数落儿子，大彬听了半天，说，男人，哪有不喜欢看美女的？这不算错！这个徒弟，我收下了。

茂林大喜过望，犬子能投到时兄门下，真造化也！

时大彬扔给李仲芳几两碎银子，说，小子，想玩就玩个痛快，男人哪有不玩的？不过，玩完了，就得好好做壶，那可是一点马虎不得。

李仲芳从来没有见过这么多银子，既然时大人慷慨，他也就不客气了。那些银子，让他痛痛快快地玩了三天。

玩完了，他就把心收回来，一心一意做壶了。时大彬的壶，让他钦佩，何止是钦佩，简直是五体投地。时大彬并没有教他怎么做壶，但他悟性好，多看几眼，看不明白，多问几句，就把本事学到手了。他仿时壶，出手快，造型准，几可乱真。有一次，时大彬刚做好一把壶，有事出去了，等他隔日回来，泥凳上多了一把壶，和他做的那把完全一样。细看那活儿，还真不比他差。再抬头一看，仲芳正站在门口朝他偷着乐呢！大彬大悦，一句话没说，就在那壶底上稳稳地打上了自己的印章。

窑场上渐渐流传着这样一句顺口溜：李大瓶，时大名，造壁壶，胜佳人。

一不小心，李仲芳的名气超过他父亲李茂林了。

大彬说，茂林啊，你应该高兴。

茂林心里高兴，嘴上不服：这个败家子，就靠一点小聪明。

又说，我不怕他超过我，他就是我最得意的作品。

时大彬摇头：不见得吧。这小子有灵气，非吾辈可及也！

茂林造壶，主张复古，风格趋于朴素简洁；古人的壶太经典了，几辈子也学不完呢。仲芳则以为，造壶之美，当随时代；文雅巧妙，贵在出新，老是泥古自闭，那才最没出息。

有一次，仲芳做了一把"扁圆壶"，那是他新设计的壶样，兴冲冲地走进父亲的作坊，脱口道：老兄，你看我这把壶做得如何？

茂林愣住了，正要发作，但见儿子托在手上的壶，扁圆形，短弯流，圆腹，丰肩，环柄，平底。造型秀雅，线条行云流水，形态如出水芙蓉，清新可爱。

茂林不由长叹一声：老兄老矣，小弟好自为之吧!

"老兄"之典不胫而走，甚至变成了壶名。一时，求老兄壶的藏家，趋之若鹜。

仲芳为此正名：壶乃扁圆，仲芳所制，壶林秀出，乃李茂林之子也。

有人求教仲芳：同是砂土，何故君之妙手，即能点石若金，壶如盈月也？

仲芳答曰：茗壶若佳人，丰而不腴，艳而不俗，玉树临风，秋水春云；窈窕而不风骚，温情而非淫荡，此乃佳人，亦为佳壶也!

五

陈鸣远：一壶风月

一句话：
挥写逸气。
是文人都有清高的本性，
那心胸里的团团逸气，
都是读书读出来的。
如何挥写，
何时挥写？
终于见到了一把壶，
若掌上知己，
茶气氤氲中，
晃荡着自己的容颜，
那样地真真切切。
平生最爱的箴言，
此时不铭，
更待何时？

南瓜形壶　陈鸣远／制

人们把紫砂历史上"花货"鼻祖的桂冠，赠给了一个叫陈鸣远的乡村紫砂艺人。他的出现，让峰回路转的中国紫砂在明末清初又绽放出奇丽的光彩。

旧时江南农村，男人的名字大抵不外是"福生""寿根""富贵"之类，就是养一条狗，也得叫个"来富"什么的，讨个口彩。陈鸣远这样的名字，在乡间已经是鹤立鸡群了。他号鹤峰、壶隐，又号石霞山人。陈氏门庭虽然清寒，但耕读传家，也算得上翰墨书香。陈鸣远出生于丁蜀镇郊的上袁村，也就是今天的紫砂村。这里的人们，祖祖辈辈都是制陶为业。村前小河清流，村后龙窑喷火。用我们今天的话说，那一片气场，是何等地充沛！

关于陈鸣远的出生、成长时期，专家们比较一致的说法是，出生于顺治年间，而其陶艺生涯的辉煌期，则在康熙中期至晚期。清代文献对陈鸣远评价很高，认为他"一技之能，间世特出，自百年余来，诸家传器日少，故其名尤噪"。宜兴旧县志则说陈鸣远"能诗文，善丹青，书法直逼晋唐"。但没有具体的作品记载。宜兴这块土地文脉悠远，自古以来，无论富人穷人，都喜欢书画。你敲开一户平头百姓的柴扉，虽然陋室无华，但墙上却冷不丁地挂着一幅唐伯虎的山水。可见，风雅并不只是富人的专利。

"宫中艳说大彬壶，海外竞求鸣远碟。"这是旧时江南收藏界的一句流行语。促使陈鸣远成名很早的原因，主要是他既承袭了明代器物造型的朴雅大方，又发展了精巧的仿生写实技巧。不仅擅长制壶，还能做杯、瓶、盒以及各式文玩；镌刻功夫也十分了得。而且，他是紫砂艺人中文学修养最扎实的第一人。

紫砂的儿女情长、诗情画意，是从陈鸣远开始的。

二十世纪九十年代末，上海博物馆、香港中文大学文物馆联合举办了一次陈鸣远作品展，共展出陈鸣远款识的紫砂器百项，分文玩、博古、茶具、像生四类。难以置信的是，陈鸣远、鸣远、陈鸣远制、雀邨等印章五花八门，光陈鸣远的方章就有二十多个版本，令人如坠五里雾中。比如南京博物馆藏"南瓜壶"和上海博物馆藏"题句四足方壶"，两者书法镌刻相似，显然是一个时期的作品，而方章却有明显差异，一个艺人有多枚方章不奇怪，但不可能同一字体同一布局的方章刻上多枚，可见这两把壶要么全部是赝品，要么就是一真一仿。

再追溯到二十世纪二十至四十年代，上海的一些陶器店和古董商聘请了一批紫砂艺人专门仿制时大彬、陈鸣远的作品。这些艺人主要有裴石民、蒋彦亭、王寅春、顾景舟、蒋蓉等。其中裴石民摹仿陈鸣远几可乱真，人称"陈鸣远第二"。一九七九年，美国旧金山华人曹仲英先生曾携《宜兴陶器》一书前往宜兴紫砂厂，向紫砂诸家请教。朱可心和蒋蓉当即指出其中多件陈鸣远款铭陶器实为蒋彦亭所制。蒋彦亭何许人也？乃是蒋蓉的伯父，宜兴民间紫砂高手。同年，香港实业家罗桂祥登门拜访蒋蓉，拿出一把陈鸣远的调砂料"虚扁壶"请她鉴定。蒋蓉一见便觉得眼熟，原来竟是自己三十年代在上海所仿。顾景舟先生也曾坦言，某些博物馆藏品中所谓的陈鸣远紫砂壶，其实是他当年的仿品，包括南京博物馆的竹笋水盂，北京故宫博物馆的龙柄凤首壶，旧金山亚洲美术博物院藏方壶等。

所有这些，足以表明陈鸣远被后人们仿制、追捧到何等地步！

海棠、合欢、松柏、兰草，在旧时江南，有喻情言志之说；而南瓜、核桃、石榴、花生等果实物品，则衬映了中国民间祈福迎祥的审美心理。陈鸣远把这些东西移到了紫砂壶上，既为饮器，亦可雅玩，更是传情托志之物。一时洛阳纸贵，求一柄鸣远壶，殊不易也。

一说浙江绍兴府有黄姓公子，家财万贯。欲求宁波盐商崔某之女为妻。聘金为五千两大银。崔某不允，曰：若取得鸣远束柴三友壶一柄，婚事必成。

黄某求壶心切，星夜赶到宜兴，不惜血本托人求见鸣远。偏偏鸣远看不起那种纨绔子弟,连续多日托病不见。那黄某困守在客栈里,怏怏地就得了一种病,竟是汤水不进。鸣远得知实情,心下有所松动,他不愿耽误了别人的风月好事,于是赶制了一把"束柴三友壶"。

该壶的壶体是一捆松柴,腰间用藤条一匝,故名束柴;松竹梅乃中国传统文化中的岁寒三友,亦是历代文人士大夫精气神之象征。陈鸣远的意境无疑是富有诗情的:山间小径,清风一阵,一个担柴汉子唱着山歌拾级而来;松之坚贞,竹之清幽,梅之高洁,全部体现在平民化的构图之中。那壶体之上,松枝、竹节、梅蕊,逼真而传神,显示了陈鸣远独特的审美理念。捏塑、雕刻工艺上的突破,使该壶更具儿女情态,洋溢着一份生命的疏放之美。

黄某得壶,欣喜若狂。三月之后大婚喜日,专派豪舫来接鸣远前去赴宴。而陈鸣远大门紧闭,邻人说他前日出门,不知何方云游去了。

陈鸣远名噪一时,足迹所至,文人学士,无不争相邀请,礼如上宾。他到了浙江桐乡,在当地文人汪柯庭家中,当场表演壶艺。汪某善书工诗,即兴吟咏,镌刻于壶上:"人间珠玉安足取,岂如阳羡溪头一丸土。"

这句汪诗,如今已经成为家喻户晓的宜兴紫砂广告语。

陈鸣远一路走去,在海宁、宁波一带广交文朋壶友。许多文人闻风而来,或题咏,或篆刻,或切磋,或交流。那样的情景,比起我们今天的笔会或研讨会,或许要更风雅,也更实在些。

一句话:挥写逸气。是文人都有清高的本性,那心胸里的团团逸气,都是读书读出来的。如何挥写,何时挥写?终于见到了一把壶,若掌上知己,茶气氤氲中,晃荡着自己的容颜,那样地真真切切。平生最爱的箴言,此时不铭,更待何时?

陈鸣远的传世作品,国内外均有收藏。

南京博物院收藏着他的一件代表作"东陵瓜壶",那是花货中的经典之一。以瓜形为壶体,瓜柄为壶盖,瓜藤为壶把,瓜叶为壶嘴。此壶砂质温润,属团山泥胎。叶脉藤纹刻画逼真,整体构思和谐巧妙,富于生活情趣。壶身款名:仿得东陵式,盛来雪乳香。

松枝、竹节、梅蕊，逼真而传神，显示了陈鸣远独特的审美理念。洋溢着一份生命的疏放之美。

束柴三友壶　陈鸣远／制

松段壶 陈鸣远/制

陈鸣远的可贵之处，就在于跳出前人的窠臼，而自成风貌。洋溢着浓郁的生活情趣。

另一件较能代表陈鸣远壶艺风格的作品是"包袱壶"。壶体为一衣包,平面作长方圆角形,形体饱满而不臃肿。布纹褶裥既不失真,又不落自然主义之俗套。嵌盖结构增强了整体感,在状为衣包的壶体上,一头壶嘴,一头壶把,首尾呼应,趣味盎然。壶底镌刻:两腋习习清风生。鸣远。这一把一七〇八年所制的包袱壶,历尽沧桑,现藏于美国弗里尔艺术馆。

就其风格而言,陈鸣远深受时代影响,紫砂和瓷器一样,明代讲究清新流丽,到了清代则纤细精巧。他的可贵之处,就在于跳出前人的窠臼,而自成风貌。从他开始,紫砂壶已形成一个完整的艺术体系。

陈鸣远对紫砂的贡献,首先是茶壶造型的设计上。明代末年的筋纹器形,多以自然形体入壶,陈鸣远还创制出紫砂半桃、核桃、落花生、板栗、荔枝、石榴、老菱等紫砂雅玩。由于紫砂泥的材质特点,这些像生果品栩栩如生,使人真假难辨。洋溢着浓郁的生活情趣。陈鸣远还扩大了紫砂陶的艺术品的外延,把青铜器皿、文房雅玩也丰富了进来,诸如笔筒、双匜、瓶、洗、鼎、爵等等,体现了一代陶艺家热爱生活、描摹自然的积极人生态度。

陈鸣远早年以朱泥品为主,这跟他的家承也相吻合,他的父亲陈子畦最拿手的就是梨皮朱泥壶。懂壶的方家知道,朱泥收缩大、易变形开裂,一般艺人唯恐避之不及。陈子畦引入徐友泉发明的熟砂技法,极大地提高了朱泥的成品率。所谓熟砂,就是将石黄泥锻烧,窑温控制在三百至八百度不等,然后将半熟状态的原矿粉碎成颗粒掺入泥浆,一则增加骨力,二则降低收缩率,颗粒的窑温不同,最终的梨皮效果也不同,端的是变化万千、令人宝爱。

说陈鸣远的壶,不能不说说他那个时代的紫砂泥。他所制茗壶颜色,或古秀沉雄,或清丽曼妙,常常是惊艳亮世,令趋者膜拜。明末清初时期,丁蜀镇附近的赵庄被人称为"黄泥赵庄"。那村并无风景,但出紫砂宝泥,在紫砂地图上自然光芒四射。想必那也是陈鸣远经常出没之地。其中,石黄泥为陈鸣远之最爱。据周高起《阳羡茗壶系》载:"石黄泥,出赵庄山,即未触风日之石骨也。陶之乃变朱砂色。"这种石黄泥正是我们今天所说的金黄朱泥。何谓石黄泥？一是因为它在没有风化以前坚硬如石；二是它产自黄石与黄石的夹层内，故而得名。一般人认为石黄泥就是红泥，其实不是。自古红泥出赵庄，但红泥并非石黄泥，从矿源上来说，赵庄的红泥矿色泽土黄略带绿，石黄泥的色泽比红泥矿要来得黄。两者的差异还在于一个泥性，一个砂性；一个烧成收缩大结晶度高敲击声清脆，壶表有温润柔和的朱光，一个烧成收缩小不结晶敲击声沉闷，色枯黯淡不鲜亮。如何使用、调制紫砂泥，是一个紫砂艺人终不可告的秘笈。可以想见，陈鸣远能从他的时代脱颖而出，不仅在于他的才情和工艺，还在于他非常懂得脚下这片奇妙的砂土，也许，这对于当今每一个紫砂艺人来说，都是必须面临的课题。

六

惠孟臣：平静如水

大明就要完了，
大家都看清了，
反而不着急了，
它要完就让它完吧。
体现在紫砂壶上，
就是清闲安逸，
抚一柄老壶，
看那江山更替
莲花落，
星如雨。

莲子壶　惠孟臣／制

壶好比是别在村庄胸口的一枚徽章。

从村庄的上空鸟瞰，你发现那匍匐的龙窑上一缕青烟在黄昏的暮色里盘旋，如白蛇传里现身的白素贞在翩翩起舞。一个名叫惠孟臣的壶工在窑头上得意地吹着一支牧笛。他的水牛在光线斑驳的池塘边抱怨青草总是不如稻草那么经嚼。后来惠孟臣扔了牧笛，突然在窑头上号啕大哭，他的壶全烧坏了。晚饭的米和点灯的油也就没了。本来他的壶就卖不大动，换米，换油，换土布，全靠壶啊。水牛是东家的，他帮着牵放，有时会得到东家赐予的一张大饼或几枚山芋。

这就是壶工惠孟臣的日常生活。如果有遗漏的话，那就是他每天晚上还在偷偷地苦练书法，欧阳询、褚遂良、米芾……在粗糙的土纸上，惠孟臣挥写着胸中的块垒。如果我们要刻意解读上袁村，那肯定只有一条路途，走近砂壶，那一串串图像驳杂表情各异的壶。并把时间定格在明代天启、崇祯年间。是的，这个明末的江南村落留给后代的记忆几乎全是紫砂小壶。但是，没有人能够确切地知道，那个衰落的世道里，一柄紫砂小壶究竟在人们的生活中占有什么样的地位？想象告诉我们，像惠孟臣这样圆熟的壶工满村都是，他们基本上过着贫而不寒的生活。一箪食，一瓢饮，于陋巷，人不堪其忧，亦不改其乐。离这里一箭之地的赵庄，以及毗邻的黄龙山里，出一种天然矿土，紫砂土。那土就像河里的水，取之不尽且分文不索。惠孟臣和许多壶工一样，少年即会做壶，几乎无师自通。那些壶的表情，通俗而高贵，无不倾注着一个壶匠对中国民间文化的敬意，贫困并没有剥夺他丰富的想象，适度的寒碜反而让他保持一种勤奋的生命姿态。坊间父辈虽然威严有度，但丝毫不会妨碍他的创作自由。这个时期中国民间陶瓷的审美趋向，已然从万历年间的奔放热烈，过渡到自由平缓。大明就要完了，大家都看清了，反而不着急了，它要完就让它完吧。体现在紫砂壶上，就是清闲安逸，抚一柄老壶，看那江山更替，莲花落，星如雨。

没有任何权威资料表明惠孟臣是如何从一个普通的壶工上升为一代制壶名家的。在清人的著述里，偶有提及，说他的壶"制法固然不俗，但远不如大彬"。口气颇为不屑。但《阳羡名陶录》则说："余得一壶，底有唐诗'云入西津一片明'句，旁署孟臣制，十字皆行书，制浑朴而笔法绝类褚河南，知孟臣亦大彬后一名手也。"褚河南就是褚遂良，唐代名相，书法堪称一绝。这里首先肯定的是惠孟臣的书法，居然直逼褚遂良。一个壶工，即便他的工手十分了得，只消他的书法、刻工不行，那他肯定进入不了名手之列。自古以来，壶因字贵，字随壶传，说的就是这个道理。

惠孟臣的制壶生涯里，至少应该有一趟岭南之行。只有知晓广东、福建一带是如何饮茶的，才能做出那种适合冲泡功夫茶的小壶来。古人成名，比之今人要难得多。惠孟臣的两条腿几乎把南国一带跑遍了，他的壶风变得纤巧精微，但又不乏山川草泽的气息，壶体虽小，但绝不局促。惠孟臣终于告别了庞大的壶工群体，成为名手中的坚挺人物。为什么冲泡铁观音，非得紫砂壶不可？因为唯有紫砂这样透气性好的材质，才能发茶之真香。"孟臣罐"，这是最初岭南一带茶客们对他的小壶的昵称。《茗谈》一书说："漳、泉、明三府品茶，茗必武夷，壶必孟臣。"后来又有人把孟臣罐列入"饮茶四宝"之一。

惠孟臣的小壶可圆可扁，亦可束腰平底。款式上简约洗练，看似简单，旁人却是学不来的。模拟者可以仿得乱真，但放在真壶旁一比较，缺的不是技巧，而是大巧若拙的气度。那气度里有学养，有品味，更有与生俱来的悟性。

孟臣壶大者沉雄，小者灵巧。其中有一款，朱红泥，壶腹圆弧，无颈，口盖为嵌入式，小圆珠钮，周身浑圆素朴，壶底镌有"叶硬经霜绿"。笔势灵动，竹刀刻。此壶胎薄体轻，砂质精细。放入水口，不沉不倒，壶体端正而无半点倾斜，平缓而行，如航行之器，故称"水平壶"。镌刻清瘦，有骨骼感，暗含金石之铿锵。那孟臣壶看似平静，水孟臣壶大者沉雄，小者灵巧。放入水中，不沉不倒，壶体端正而无半点倾斜，平缓而行，如航行之器，故称「水平壶」。

朱泥梨形壶　惠孟臣／制

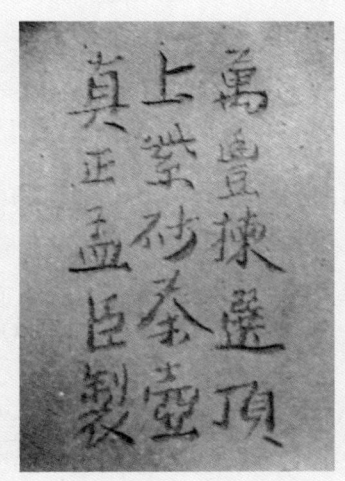

惠孟臣／款

流花开，内中分明是一个斑斓丰沛的完整世界，意象强悍而汹涌。又若笃定穆静之器，温文尔雅。那微妙肌理，光润色泽，深厚意蕴……这样的时候，看山不是山，看水不是水，看壶亦不是壶了。

世人趋之若鹜，古而有之。水平壶似乎成了惠孟臣的一个秘方。三百年后，人们不断从古墓里发现孟臣壶的归宿，古人才是真正的风雅，即便在离开人间的时候，也没有忘记把孟臣壶带上。是的，此去泉台，同道无多，惟孟臣一壶，可解真愁矣。当孟臣壶气定神闲地穿越时空来到我们面前的时候，突然觉得，人生短暂得就像一声喟叹一样。

三百年来孟臣壶被壶手们无数次模仿。宽容地说，太多的赝品其实也是对孟臣壶的一种特殊凭吊方式。而收藏孟臣壶，自然成了藏家的一件美事。美国新泽西州的纽沃克博物馆藏有一件孟臣残壶，壶嘴和壶柄均已破裂，曾被日本人用金漆修补。美国人郑重地说：这是一件东方维纳斯。

人们手执一壶，把玩品茗的时候，常常忘记牵引他们的，其实是一种个人的创造力，是一个人的充沛气场，世界在这里处于凝固、营造和模拟之间，亦幻亦真。就这样，一个人瞬间的独语，成为了子孙后代的经典，一个原本孤独无援的精神世界通过模仿与传承，覆盖并倾倒了无数个心灵。这是紫砂的力量，更是创造的力量。

因为有孟臣壶，所以，惠孟臣还活着。

七 邵大亨：铁骨与柔肠

自然，仿鼓壶不是女人，但是，它记录了一个刚性男人的女人观，那份舒展与窈窕，风韵与神采，全被邵大亨熔入了壶里，这是邵大亨从骨子里流出的对这个世界上好看女人的真诚倾慕。

仿鼓壶 邵大亨／制

不知道邵大亨的人，单看名字，会以为是个财主或者老板。就像我们今天说的张总王总。没承想，老爷子在中国紫砂史上占着一个相当的位置。那么一个人，穷得叮当响，脾气又倔，就靠一手绝技、靠几把茶壶传世，简直匪夷所思。

老黄历不必翻了，什么嘉庆，什么道光，邵大亨的那个时代，并没有让他真正春风得意。火光土色，十里窑场，满世界的陶器，声响铿锵。邵大亨不做壶，还能做什么？那样一条路，已被大家走得烂熟。拜师，学艺，做一个圆熟的匠人，满手皲裂，弓背驼腰，把每天做的壶换成白米，养家糊口，然后，风雨剥蚀地老了，做不动了，像太阳一样落山了，人也变成了一把老壶。

大亨不从。他不为五斗米折腰。没有人见过他去庙里上香，他也不拜神仙、官宦，他不卖壶，视金钱如粪土。他喜欢玩，他吃什么呢？五谷杂粮，饱一顿饿一顿也没有关系。终年是一袭加了补丁的短褂，素面朝天。这一方滋润的水土竟养出个异人，没有人能说得清他的身世。只知道，他挺着一脸麻子，从上袁村来。

上袁村，在中国紫砂史上，是个近于"圣地"般的村落。从这里走出去的紫砂圣手，有惠孟臣、陈鸣远、黄玉麟、邵友廷、顾景舟、王寅春……

没有找到邵大亨读书的记载。与上袁村毗邻的蜀山脚下，有一座声名远播的东坡书院。想必，邵大亨会去那里走动，哪怕是旁听。他会折下许多树枝，在地上写字；他是爱喝一点酒的，白酒。很烈的性子。邵大亨早期的壶，常用来换酒喝。猪头肉是这里的窑工最爱的下酒菜。邵大亨是慷慨的，他荷包里那点可怜的碎银子都用来买猪头肉了。用荷叶包着的猪头肉会特别地香，邵大亨喜欢和窑工们一起醉，邵大亨醒来的时候，窑工们已经把他的壶烧好了。那是什么样的壶啊，鱼化龙，太极八卦，仿鼓，井栏……仿佛神助，大亨的壶名不胫而走，大亨真的是大亨了。

邵大亨成名很早。但他的壶却做得不多。他懒么？不，他不肯重复自己。他也没有那么多的矫情。有关大亨壶的故事，在民间，像三国水浒、七侠五义，口口相传。

一财主藏得一把大亨壶，视若性命。一日，侍女不慎，将壶打碎，财主暴怒而将其悬梁毒打，后又逼其投河。大亨闻知，以一新壶换下侍女性命。财主见大亨囊中尚有好壶，欲出重金求之。大亨曰：壶不过泥丸小科，人却是血肉之躯；敝壶造孽，差点害了小女性命！言毕，将壶掷地而粉碎，旋扬长而去。

另一个说的是，某县令得知大亨壶金贵，传大亨到衙门听命做壶，大亨不从，被衙役死打，皮开肉绽，仍不从；最后是某师爷从中斡旋，大亨勉强胡乱捏些泥团，敷衍应付，给县太爷下了一个台阶。

身怀绝技，就必得孤僻狷介么？大亨愿意。他知道为此付出的代价，茕茕孑立，正好清净于心。

大亨的壶，全无甜俗之匠气，每一根线条都弥漫着诗书的清香。中国的文化，经卷浩繁，有人说那是一口酱缸，有人说那是黄金屋、颜如玉。大亨则用他的壶，对中国的传统文化作了最形象的诠释。

有我之境，乃道家之说；
无我之境，乃佛家之说；
忘我之境，乃儒家之说。

邵大亨深得个中三昧。在他的传器中，有一件"太极八卦壶"，该壶壶身由六十四根仿细竹围成，壶盖塑以八卦图案，盖钮系太极，六十四根竹子代表六十四卦，壶把和壶嘴如神龙之首，壶底则精工细刻成河洛图书的星象纹。一把壶，演绎了一部易经八卦。也许在邵大亨的眼里，天地日月、人间世态，皆可装入一把壶中。

"鱼化龙壶"，更是大亨传世经典之作。壶体浮雕鲤鱼、蛟龙和祥云般的波涛，并用六条S形纹线回旋组合。壶把龙尾翻卷形状雕琢精细，壶盖、壶嘴分别文以云纹和伸缩自如的龙头。斟茶时，龙舌自然伸出，活灵活现。该壶寓意鲤鱼化龙，前程无量。中国社会无论古今，非常讲究口彩与吉兆。国人心态里，福禄与成功的欲望总是蛰伏于内心的最深处，且从来只可意会而不可言传。"鱼化龙壶"的问世，仿佛让那飘渺无定的希冀有了依托。一壶在手，成功在望；鱼化龙，必成功；那壶堪称民间吉祥文化的代表之作。

"合欢线圆壶"，如玉般的质感，壶腰一根浑圆玉线，将壶腹对分两半，引出无限神韵；壶把如环肥，丰而适腴；壶嘴则如燕瘦，窈窕而纤秀；壶体如天衣风动，细细端详则又静若处子。

我们再来说一说大亨的"仿鼓壶"。

江南的腰鼓，是属于妙龄少女的。那样的一种鼓，长长圆圆，是盘在腰间的。每年的正月十五，乡场上是要闹元宵的。火树银花，鞭炮震天，腰鼓咚咚地敲着，随着少女们欢快的步伐跳跃，邵大亨看着是喜欢的。他要做一把壶，把自己的愉悦记录下来，他是一个感情内敛的人，什么都不会直说的。最早见到"仿鼓壶"的人，是一个痴爱大亨壶的收藏家，苏州大儒吴大澂，他痴痴地说了四个字：骨肉亭匀。是说壶？是说少女？原来大亨也是喜欢女人的，他喜欢的，是那种匀称而不失丰腴，饱满而决不臃肿，亭亭玉立而决不妖冶招摇的女人。她是素静安谧的，不是那种天衣飞扬、满壁风动的。自然，"仿鼓壶"不是女人，但是，它记录了一个刚性男人的女人观，那份舒展与窈窕，风韵与神采，全被邵大亨熔入了壶里，这是邵大亨从骨子里流出的对这个世界上好看女人的真诚倾慕。

邵大亨壮年早殇。他留给这个世界的壶确实不多。三百年后，他的上袁村的一位小老乡、被人们称为二十世纪紫砂一代宗师的顾景舟这样写道：

从格调上来品评，大亨传器一改盛清阶段宫廷化的繁缛靡弱之态，

龙头一捆竹 邵大亨/制

大亨的壶,
全无甜俗之匠气,
每一根线条都
弥漫着诗书的清香。

掇球壶 邵大亨/制

重新强化了砂艺质朴典雅的大度气质,既讲究形式上的完整,功能上的适用,又表现出技巧的深到。成为陈鸣远之后的一代宗匠。

顾景舟还可惜地说,存世的大亨壶,远非大亨的代表作品;那些大亨用生命铸造的辉煌砂壶,早已随着大亨远遁了。
遗憾,也是一种大美。

八 邵友廷：珠之梦

那个石榴，
那些红枣，
一直放在友廷的泥凳上，
那么晃眼，
让人好生忐忑。
阿珠姑娘在石榴树下的那些话，
风一样飘来飘去。
友廷想做一把壶送给她，
而不是送给她爹。
可是友廷做不出来，
那些老款老式，
他不想做了。

一粒珠　邵友廷／制

在涉及宜兴紫砂的几乎所有旧资料上，紫砂名手邵友廷只占了短短几行字：

……清道光至同治年间宜兴上袁村人。精工壶艺，成名于大亨后，玉麟前，制鹅蛋、掇球独绝。

古人用词是慎重的。像"独绝"这样的字眼，一般不肯赋予一个乡村艺人的。我们今天说某人某物"盖帽"了，或许还有广告或游戏的成分，古人在这一点上则极其严肃。令我困惑的是，记述邵友廷的文字如此之少，评价却出奇地高。最后，我的目光停留在了"上袁村"，明清至近当代历史上，这是一方神秘而独特的紫砂部落。在邵友廷之前，就有时大彬（客居）、陈子畦、惠孟臣、陈鸣远、邵旭茂、邵大亨等制壶圣手在这里脱颖而出。村头，想必有活水之源惠泽邻里；村后，必定有参天大树庇荫苍生。天上必定是有祥云飘拂的。杏花春雨，世代滋润着上袁村，这么多宗师巨匠级的紫砂人物，先后诞生在这样一个小小的村落，有人把这里说成是中国古代紫砂的摇篮与发祥地，并非夸张。

关于邵友廷的身世，至今难以查考，流传至今的友廷壶器，自然弥足珍贵。资料显示，他擅制各式砂壶，掇球、汉扁是其专长。其实，邵友廷的"一粒珠"，更是紫砂素器中气度非凡的作品。

至此，我只得调动有限的想象，去感受邵友廷这个隔世而远遁的名字。友廷自幼家贫，这几乎是一定的。上袁村人多地少，光靠侍田，难以温饱。周边村落的农人，或纺织土布，或种桑养蚕，聊补种田之不足。这里离丁蜀镇近，四周都是龙窑，黄龙山肚里有紫砂土，离这里亦只一箭之地。农闲时，取来砂石，风化成泥，捏些小壶，既可自赏自用，又可换些油盐贴补家用。过剩精力，亦好有个出处。家家搲泥、户户制坯，早已成为村风。友廷家或许有几分薄田，但完全不够家中开销。他学制壶，年岁必定很早，他不一定会去拜一个具体的师父，村上的制壶人，个个都是师父。他东看看，西瞧瞧，心里就有感觉了。抓起一把泥，就跟着仿了。乡下人，把聪明的、过目不忘的眼睛称作"贼眼"。友廷的"贼眼"蛮讨人喜欢的。他喜欢圆器，因为他觉得，几乎所有美好的东西，都与圆器有关。菜畦里的南瓜、西瓜是圆的，树上结的石榴、柿子是圆的，东家阿嫂的笑靥是圆的，西邻阿妹的胸脯，也是那么圆圆的好看。一年四季里，每当那些圆的东西出现，友廷心里，真的是蛮开心的。

渐渐地，友廷的壶有些模样了，他的"汉扁""掇球"诸壶在村上有些名气了。那些壶，都是圆器，长辈邵大亨有一次评论他的壶，说了一句话：润而弥坚，熟而不俗。那以后，友廷的壶可以换油盐了。

有一天下雨，他路过邻村一户人家，啊，太多的裂了嘴的石榴，压得那树弯腰作揖，他看着喜欢，但他不敢去摘。雨下大了，他躲到树下，一会儿一个石榴掉下来，砸在他圆圆的头上，他把石榴捡起来，真是一个饱满的圆器呢。正看着，有人来了，是这家的姑娘吧，圆脸，粉颈，脖子以下，他就不敢看了。他把石榴还给她，说，不是我摘的，是它自己掉在地上的。姑娘笑了，眼帘也是圆的，说，是你摘的又怎样呢，这个石榴，送给你吧。友廷不敢拿，正迟疑着，姑娘又掏出几颗红枣，说，给你吃，拿着呀！友廷的脸，涨得比红枣还红，讷讷地说，无功岂可受禄？姑娘又笑了，你给我爹做一把壶，岂不就是有功之人了？

友廷纳闷：你怎么知道我会做壶？

姑娘咯咯一笑，你叫邵友廷，紫砂小名人！

你叫什么？

我叫阿珠。

姑娘说完，身影一闪，不见了。

那个石榴，那些红枣，一直放在友廷的泥凳上，那么晃眼，让人好生忐忑。阿珠姑娘在石榴树下的那些话，风一样飘来飘去。友廷想做一把壶送给她，而不是送给她爹。可是友廷做不出来，那些老款老式，他不想做了。

有一天，他把一颗红枣放在石榴上，细细端详。他觉得那红枣，就像那阿珠姑娘肥嘟嘟的小嘴；石榴，就像姑娘的圆脸。

枣。早？友廷脑子里的一扇窗，突然开启了，一缕阳光，把他的心里全照亮了。阿珠是要他早早地做一把壶，去送给她爹呢！

选黄金段泥，反复锤炼，器型腴润，周身谐和；圆钮，嵌盖，三弯流，圆弧把。阿珠，一粒珠。对，就叫"一粒珠"！

友廷把造好的壶送进龙窑里。龙窑烧了一天一夜，那么漫长的时光，把友廷的心烧得灼痛。"开窑了——！"窑汉子喊得山响。可是，可是，天不作美，偏偏友廷的"一粒珠"在窑里烧坏了。

友廷难过得两天没吃没喝。

此后再做"一粒珠"，就找不到那份感觉了。

友廷不会把自己不满意的壶送人的。

来年的枣儿又红了，石榴又笑开了口。友廷又做了一把"一粒珠"。这一次，做起来非常顺手。友廷兴奋，眼皮老是跳。不知为什么，他对贫寒的日子，心里总存着一份感恩，原来，寻常慵懒的日子，是可以被这些红枣、石榴，还有阿珠姑娘那些美好的话语照亮的。他怀里揣着那把刚出窑的"一粒珠"，兴冲冲地来到阿珠家的石榴树下。

他没有等到阿珠出现。

阿珠的爹出来了。原来，阿珠已经出嫁了。

简直像一个梦。最后，失魂落魄的友廷，把"一粒珠"送给了阿珠的爹爹。

"小伙子，你为什么不早点来呢？"

"今生今世，我再也不会做这样的壶了。"友廷喃喃地说。

他当然不会知道，"一粒珠"从诞生那天起，就是一件紫砂史上划时代的作品。在他身后，千千万万把"一粒珠"滋润着人间草木、百姓苍生。

九
陈曼生：凝望那个背影

如果是一般的抚弄风雅，那倒也罢了。而陈曼生骨子里偏偏是那种不玩痛快决不罢休的文人。嘈杂的官场他没有兴趣，见惯了沧海桑田，心就趋向沉静。离此不到百里的宜兴窑场，才是他心中的牵挂。一见到那温雅古朴的紫砂壶，他就怦然心动、爱不释手。

井栏壶 陈曼生／制

说紫砂，何能绕得过陈曼生？若论官衔，他只是个七品县令，但他把自己的才情与紫砂糅合在一起，历史便记住并留下了他的名字：陈曼生。

陈鸿寿，字子恭，号曼生。他是浙江钱塘人，原是一位饱学诗书、精通金石书法的才子，"西泠八家"之一。嘉庆六年应科举拔贡，清代嘉庆二十一年，在毗邻宜兴的溧阳当县令。一个寒窗苦熬的文人，终于坐了一把县太爷的交椅，照例应该好好消受一番。但曼生兄的目光，仍然在文峰墨海间遨游。有一天，他办公的厅堂西侧，突然发现一枝连理桑，家人与幕客均以为此乃大吉之兆。于是便讨了一个彩头，将斋名改为"桑连理馆"。

据说，曼生当上县令不久，就遇上了一件大事。溧阳丘陵山区，盛产白芽茶，此乃孝敬皇上的贡品。清明之前，必须作为十纲贡茶的第一纲运至京城。曼生不敢怠慢，亲自前往山中采茶之地，日夜监督。又差人快马加鞭、昼夜兼程，赶往京城。皇上品了白芽茶，龙颜大悦。消息传来，曼生及幕客好友皆雀跃欢呼。曼生性情中人，一时兴起，手持大钹，敲击不已。那大钹乃紫铜所制，凹凸有致，锃亮发光。合则响，合而美，奏响人间欢乐。遂以"合欢"为名，以合钹为样，设计了一把合欢壶，让阳羡的制壶高手杨彭年来制作。一日，彭年来了，包袱解开，是一坨紫砂泥。彭年说，这是朱泥，烧成后通体大红，必具风雅之质。这一把壶，曼生要亲制，衙门里的公事，让手下人去办吧。他要制壶，皇上来了也不管了。彭年在一旁窃笑，呆头鹅，呆劲上来，门板也挡不住啊。

在彭年的帮助下，壶制成了。壶底一枚方印：阿曼陀室。壶面上，"八饼头纲，为鸾为凤，得雌者昌"。亦为曼生亲刻，苍劲隽秀，表达了他当时的喜悦之心。

曼生豪性之余，取过笔墨，给彭年画了一幅《菊花紫砂壶图》，题记曰：

杨君彭年制茗壶，得龚时遗法，而余又爱壶亦有制壶之癖，终未能如此壶之精妙者，图之以俟同好之赏。

寥寥数语，对杨彭年的欣赏之情跃然纸上。

如果是一般的抚弄风雅，那倒也罢了。而陈曼生骨子里偏偏是那种不玩痛快决不罢休的文人。嘈杂的官场他没有兴趣，见惯了沧海桑田，心就趋向沉静。离此不到百里的宜兴窑场，才是他心中的牵挂。一见到那温雅古朴的紫砂壶，他就怦然心动、爱不释手。我们可以想象，陈曼生乘坐的官船，经常是在暮色苍茫时分，悄悄地驶入蜀山脚下的蠡河。避开了官场上那种对等的接风应酬，他居然一头钻进了四面漏风的窑头小屋。在那样漫长的寒夜，有一把暖心慰怀的紫砂老壶，伴着纯香馥郁的茗茶，天高海阔，品壶论艺，别的一切都是多余的了。谁也无法想象，最初的"曼生壶"就是这样诞生的。

乌纱，算什么东西？皇恩何浩荡？官宦不过一秋风而已。

那些和紫砂名手们交流的日子始终是愉快的。窑场上那陶器出品的清脆声响，无疑是世界上最美妙的音乐，以至在回到溧阳的衙门府，陈曼生的心还留在陶都那温心暖骨的紫砂壶里。宰溧六年，贵为县令的曼生，未改草根书生之本色。谈笑鸿儒、往来同好；古旧纷至、新友频聚；花间吟诗、桑下作画；谈古论今、品茗酬唱。当时他身边有许多幕客，如江听香、郭频伽、查梅史等。那都是些做官前结交的文朋诗友，他们聚集在陈曼生这里，有时也参政议政，提供些"振兴溧阳"之类的锦囊妙计，更多的却是在一起谈诗研文、探讨书画。有曼生兄买单，他们可以不愁衣食而聚起一个艺术沙龙。曼生兄痴爱紫砂，他们也必然受到影响。紫砂是男人的知己，不仅因为可以喝茶，而且是可以把玩的。不为稻粱谋的哥儿们深得中国古代儒学、道学之玄机，把阴阳学说渗透

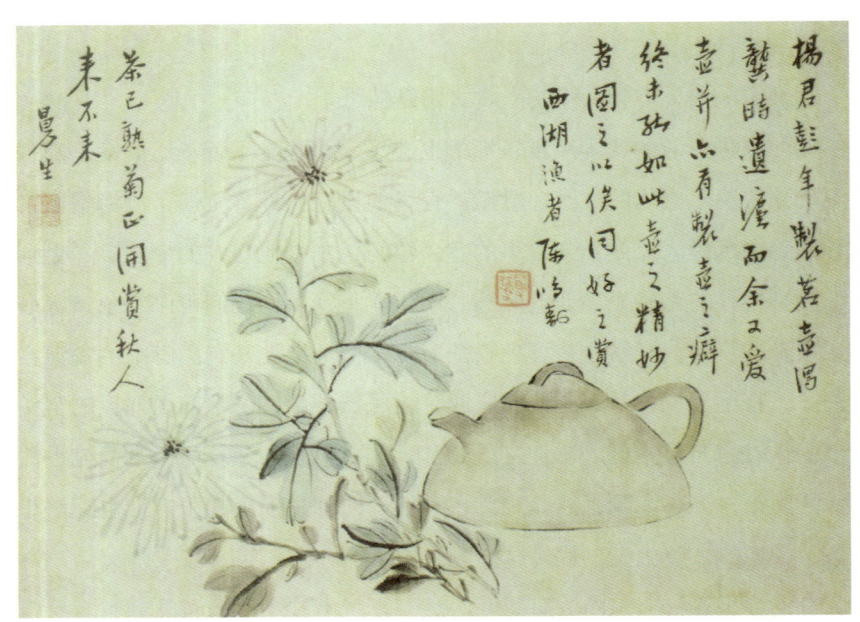

《菊花紫砂壶图》 陈曼生/作

宰溧六年,贵为县令的曼生,未改草根书生之本色。花间吟诗、桑下作画;谈古论今、品茗酬唱。

到具体的紫砂造型里；每一根线条，都浸淫着东方古典美学的理念。流传后世的"曼生十八式"，就是在陈曼生的主持下，由他的文朋画友们共同完成的。

从历史的角度看，陈曼生和他的幕客们对紫砂艺术最大的贡献，莫过于在紫砂壶款式上进行了一次革命。这种革命是温良恭俭让式的慢慢渗透。紫砂还是那个紫砂，龙窑还是那个龙窑，但壶已经不是那老是承袭前代千壶一面陈陈相因的壶了。曼生壶的出现，如一股清新而淋漓的元气，一扫陈旧壶风；紫砂名手们瞪大了他们原本清高的眼眶，玩壶的主儿们则掂量着他们囊中的银子。接下来，曼生们开始把篆刻作为一种装饰手段施于壶上，使紫砂壶成为艺术品的条件更为成熟。而他们撰写的那些格调高雅的壶铭，则为提升紫砂的文学意蕴开创了一代风气。

陈曼生自己不光设计、监制了许多传世的紫砂壶样，他还亲自制作、篆刻了一些精彩的壶艺绝品。不仅让操练了一生的金石书法大放异彩，也圆足了紫砂梦、过足了紫砂瘾。

溧阳境内多古井。曼生制壶，善于借景移情，托物造型。曼生善制井栏壶。井与壶，本有不解之缘。井水泽民，壶水养性，都为盛水之物。壶身铭文曰：井养不穷，是以知汲古之功。

合欢壶，是曼生所爱之一。又有壶铭曰："试阳羡茶、煮合江水，坡仙之徒、皆大欢喜。"

哦，尝试阳羡茶，必得用合江水呢，若是东坡的门徒，三五知己，无酒有茶，品茗谈天，足矣！

合欢，真是一个好名字。一把好壶如果没有一个好名字，那真糟蹋了它！你看那古往今来的英雄好汉，关云长、岳飞、武松、霍元甲、董存瑞、雷锋……哪一个不是响当当的名字？

此后两百余年，各代壶迷对该壶有着不同解读。有人以为，合欢乃红袖添香，月下私语；是曾经沧海之后的彻悟，是巫山云雨之后的缠绵；是陈曼生内心的一个结，是中国紫砂史上的一个未解的风月故事。

见仁见智，各家自便，只要不辱没了曼生的风度，便就好了。

曼生制壶，与那些紫砂工匠相比，似不求器型之完美，而讲究气度

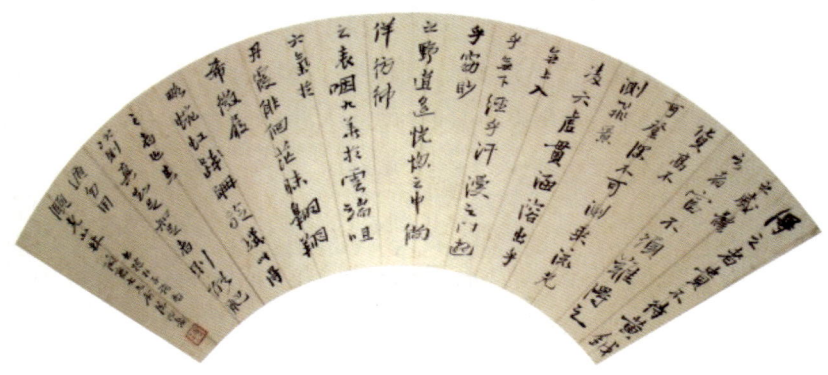

《扇面》陈曼生/作

井栏壶　杨彭年/制　陈曼生/铭

曼生撰写的那些格调高雅的壶铭，则为提升紫砂的文学意蕴开创了一代风气。

的不凡。"合欢壶",更像一个大家闺秀,她不怎么讲究装扮,一颦一笑,却是幽雅莫测、风月满怀。陈曼生着重表现的,是她的肩,那种圆润、丰腴、灵巧,你可以想象,她的脸,臂,腰,臀,腿……有多美。

据史料记载,当时曼生壶并没有进入商品流通。尽管有人愿意用重金收购,但陈曼生并不动心。君子不言利,陈曼生应该是一个有骨气的清官,那白花花的银子对他并没有太大的诱惑。紫砂的品性更让他在淡泊的心境中寻求着一种无为的生活。而他的那些哥们儿也没有去蓄意炒作。作为艺术品,曼生壶的设计、制作极为严谨。产量也不多,大抵是在朋友和壶迷之间流传。

据说,一次酒后,曼生将一些原本打算送朋友的壶统统打碎,也许他突然发现,这些壶其实并不像别人称赞的那么好。碎壶,与焚琴煮鹤,并非同义也。后有湖广巡抚吴大澂,乃学富五车之大文人,他四处托人求壶而不得,感叹万分地说:金银非老夫所爱,乌纱亦非老夫所求,唯曼生壶为老夫心动而终难遂愿,此乃一生之憾矣。

"合欢壶",是曼生仅存的为数不多的砂壶之一。曼生之后,日月经年,历朝历代,无数把合欢仿壶如过江之鲫、应运而生。正所谓,合欢遍地,知音几何?曼生灵泉有知,又该当何想呢?

十 杨彭年：造化

清代乾隆、嘉庆年间的紫砂艺人，大都过分注重茶壶表面花样繁多的装饰，而忽视了壶器本身的工艺追求，壶具成型全赖模具之助，此等制作，器型大小统一，但千壶一面，客观上导致了一个时代紫砂工艺水平的萎靡不振。唯杨彭年兄妹等继承大彬遗法，纯用手工制壶，一扫匠气而气韵生动、风致天然。从而深得陈曼生赏识。

仿古井栏壶 杨彭年／制

帆影远去了。

杨彭年和他的弟妹们站在岸边，目送着那遥去的船影，一点点消失在天际。

那是陈曼生大人的官船。他总是匆匆而来，急急而去。他一来，窑场上就热闹起来，没有见过这样的官人，轻车简从，一袭布衣；言语不多，但一句话就能让你脑筋开窍。他满脑子是壶，一把把，那么新鲜、别致，画在纸上，活的一样，谁都想照着做一把。据说，曼生大人的壶样，有十八式呢，又据说，十八式，只是一个约数，真正的曼生壶，三十六式都不止呢！

可是，曼生大人眼高，他的壶样，并不是谁都可以做的。曼生大人走遍了窑场附近的紫砂作坊，他不言语；也许，在他眼里，有些壶真不怎么样，虽然，有的大师傅名头大得吓人，壶，也就那样，依葫芦画瓢，一壶死气；你让他玩点新名堂，他没辙。说，一代一代，都是这么传下来的。

那天，许多人看到了，曼生大人对着熙熙攘攘的窑场长叹了一口气。

都知道，曼生大人是毗邻的溧阳县令，熬出头的进士，那多不易啊。曼生大人还是大学问家，是"西泠八家"之一，金石书画，诸子百家，无所不通。这么一个大人物，偏偏爱上了紫砂，这可真是紫砂的造化呢！

有一天，曼生大人撩起他的长衫，一头钻进了一间低矮的窑头小屋。大家知道，那屋主，叫杨彭年，浙江桐乡人，前几年带着妹妹凤年、弟弟宝年来宜兴窑场讨生活。壶，自然做得圆熟，可他们是半路出家，跟那些几辈子抟泥的紫砂世家比，道行还浅着呢。

可是，曼生大人偏看中他了。

窑场上的人都知道，杨彭年做壶，出手利落；他空手捏壶嘴，不用模子，虽随意制成，亦有天然之韵致。他妹妹凤年，虽是女子，制壶亦出手不凡。一壶既成，求者趋之若鹜，赞曰：既有裙钗之风，又有须眉之气。

譬如一块石头，是因为仙人点化，就成了金。这是古人说的。但在曼生大人眼里，杨彭年兄妹决非冥石，而是天生的紫砂巨匠。他与他们的见面，应该说是心与心的碰撞，生死契阔，该当何年？人生是这般地短暂，名利如浮云，风流云即散，既然什么都留不下，那就留些好壶吧，既可品茗，又可把玩，实现不了的人生理想，还可以镌刻在壶上，慰心而养性。

曼生大人展示的那些壶样，让彭年兄妹太喜欢了，特别是"井栏壶"。在彭年看来，这样的壶，应该做出一种结结实实的美，那种沉稳的、笃定的、气定神闲的东西，应该由他来表现。

彭年下手想必很快。他打起那泥片，如星雨纷落。

他围起那身筒，舒展自如，如龙蛇游走。清代乾隆、嘉庆年间的紫砂艺人，大都过分注重茶壶表面花样繁多的装饰，而忽视了壶器本身的工艺追求，壶具成型全赖模具之助，此等制作，器型大小统一，但千壶一面，客观上导致了一个时代紫砂工艺水平的萎靡不振。唯杨彭年兄妹等继承大彬遗法，纯用手工制壶，一扫匠气而气韵生动、风致天然。从而深得陈曼生赏识。

古井深深，蓄养千年琼浆呢。杨彭年揣摩着曼生大人的构思。

"行欲方，智欲圆，刚柔相济，方圆互见。"这些话，一板一眼，从曼生大人嘴里说出来，蛮有韵味。

壶嘴，壶身，壶把，都有曼生大人自己的意思。据说，曼生大人的庭院里有一口古井，每天一早，勤快的小丫环躬着腰，在那里打水。那道优美的弧形，便化作了弯弯的壶把。壶身，便是那口取汲不完的古井吧。也许，"井栏壶"还有些别的意思，彭年说不出。只觉得，那每个细部，都跟别人的壶不同。是一种蛮有意思的意思。

夜来了。按理，与曼生大人的相聚是应该有酒的。宜兴冬寒时节，乡间流行喝一种用糯米酿制的"缸面清"酒，那种清香是淡淡的，入口容易，却有一种不动声色的后劲。彭年善饮，喝酒用的是粗瓷大碗。曼生大人开始用金边小汤碗，景德镇出的，好看是好看，不过瘾，亦改用大碗，一连喝了几大碗，是微醺的感觉。他神情大悦，拿起杨彭年刚做好的一把井栏壶，连声赞叹：好壶，好壶！

受了鼓励的杨彭年央求道：大人给壶题个咏吧！

曼生大人略一思索，提笔写道：

汲井匪深　　挈瓶匪小
式饮庶几　　永以为好

如果把它译成白话：

用来取水的井并不深呢，
提着打水的瓦罐并不小啊；
用这打来的水烹茶，也该够畅饮了吧？
让我们永远友好，做个挚友吧！

这个温暖的夜晚是值得记叙的。杨彭年并不知道，正是由于曼生大人的参与，式微而颓然的宜兴紫砂，有如长夜后的黎明，已经出现了嫩青的曙色。

石瓢、乳瓯、匏瓜、笠荫、横云、半月……"曼生十八式"就这样在窑场上传开了。

可是，大家弄不明白，堂堂的知县大人，不爱江山美人，怎么偏偏喜欢紫砂壶？

醒诗魂，解酒困；添画韵，增书香。这些都是茶与壶赐给中国文人的独特抚慰。自古茶不离壶，壶则以紫砂为上。宜兴的本山土砂可以发真茶之色香味，天下人爱之甚多。曼生大人不爱金银而痴迷紫砂，说到由于曼生大人的参与,式微而颓然的宜兴紫砂,有如长夜后的黎明,已经出现了嫩青的曙色。

瓢提壶 杨彭年／制 陈曼生／铭

底还不仅仅是释放自己的才情，而是在壶中寻求某种精神寄托。

林语堂曾经说过，捧着一把茶壶，可以把人生煎熬到最本质的精髓。

也许，在陈曼生看来，一把小小的紫砂壶里，融会了儒、道、佛家思想的精华。就紫砂壶而言，儒家是筋骨，道学是灵魂，释家则是神韵。

壶，收尽了曼生大人的人生念想。而他设计的壶样，都是由杨家兄妹来做，他们的成名，几乎是一夜之间的事。紫砂历史之所以记住了杨彭年、杨凤年、杨宝年兄妹，不仅因为是陈曼生点化了他们，而是他们纵身一跃，从工匠变成了艺术家。给曼生大人造的壶中，分明有着他们的精气神。

杨彭年的"井栏壶""笠帽壶""玉川壶""钟式壶"……两百多年来，一直是紫砂业界顶礼膜拜的经典作品。

也许，他们都是为紫砂壶而生的。但是，如果他们没有遇到陈曼生，他们的名字早就湮没在历史的烟尘里了。而陈曼生如果不与紫砂为伍，曼生则仅是曼生而已。俱往矣，谁还记得那些过江之鲫般的朝廷命官？想青史留名的，都灰飞烟灭了；可一直到今天，陈曼生和杨彭年还活在他们的"曼生十八式"里。一个个活灵灵的艺术生命，从历史的深处昂昂而来，还将踏着无尽的岁月凛凛而去。

十一
杨凤年：风卷葵

那些在风中舞动的葵花，像跃动的火苗，多么强烈地烤炙着凤年的心。

试想在一个静谧的夜晚，杨凤年若有所思地举起了一块泥，她眼前那种风吹葵叶的动感活灵活现挥之不去。

如果不把那种欲罢不能的钻心般的感受表现出来，她还不如去死。

风卷葵 杨凤年／制

写下杨凤年这个名字，就感觉一团清朗的气场姗姗而来。她脚步轻盈，身影婀娜，从头到脚没有一点尘世的污垢。她眸子明亮，眉宇天真；一双手藏在背后，像一对交叉的问号。那是一双什么样的手呢？可惜，今天的我们只能用想象来勾勒它们。春天飞舞的柳枝，修篁挺拔的摇影，都可以配作那双妙手的伴娘。那手，唯独不作优雅女儿态的兰花指，也不似添香红袖里的抚琴拨弦。一个无可争辩的事实是，众说纷纭的紫砂史料只要提到她，口气便一律变得恭敬，在前清那样的旧封建时代，对一个女流，那多不易。其实她只留下一把壶，一把"风卷葵"。如果说，一件旷世之作足以敌过一万件平庸之作，那么，杨凤年足矣！丁玲老前辈不是提倡过"一本书主义"吗？想必情同此理。

也有人说到杨凤年之所以容易出名，是因为她有个名叫杨彭年的哥哥。此话不假，要不是父母早殁，杨凤年就不会跟着哥哥到宜兴来。女儿是爹妈的小棉袄，做做女红，裹裹小脚，搓搓小麻将，那多惬意。宜兴的窑场是火焰之场，也是男人拆了骨头挣点活命钱的地方。凤年一到这地方就有感觉，心跳加快，不是因为那些赤膊的男人，而是见到了那些五光十色的陶器。阳光正以瀑布的方式倾斜而下，在那些陶器上铺陈出诗意的斑斓。多可爱啊，凤年能感觉到它们鲜活的眉眼，听到它们欢快的呼吸。哥哥彭年替陈曼生大人做的紫砂壶，出得窑来，一个个那么安稳、端庄，像官人那样衣冠楚楚。凤年记得，那些壶的壶样，多是曼生先生一笔笔画来，许多个秉烛之夜，哥哥总是在按图制壶，不敢有半点懈怠。曼生大人有时会猛不丁地出现在他们低矮的窑头小屋，他的连珠妙语总是让凤年感到又新鲜、又费解。有一次曼生大人看到了凤年在哥哥的作坊前随意捏的小壶，他一向持重的脸上居然有掩饰不住的兴奋，他发现了一股鲜活的灵气，相当多的紫砂艺人只有匠气，只会刻板地模仿。而杨凤年不然，他鼓励凤年做一把足以气死男人的好壶。曼生大人那话可不是随意说的，不光凤年，就连彭年也听得惊呆了。凤年已经到了女大当嫁的年龄，可嫁什么人，这还是个问题。如果嫁个穷光蛋，吃糠咽菜生一堆孩子，那还不如把她推火坑里算了；但就算嫁个殷实的富户，比如一个小生意人家，那也完蛋，光是那些针头线脑、芝麻辣酱，就足以把凤年在紫砂上的灵气给湮没掉。

要嫁，就该嫁成功的艺术家，既能鲜衣怒马，又有琴棋书画；那当然好，可是何处觅知音？要知道，凤年的全部世界也就是哥哥的窑场。

一百多年后某个初夏的下午，为了写作本文，我曾经沿着蜀山古老的窑址一带，去寻找杨氏兄妹可能留下的生活痕迹。岁月迢递，沧海桑田，当年那火龙喷吐的窑场背后的一片开阔田地，如今已经挤满了高高低低的民居。但一百多年前，这一望无际的阡陌上却种满了欣欣向荣的向日葵，每一棵向日葵看上去都那么俊朗挺拔，远远望去就像大型团体操一样地排山倒海，让人感到那是一片充沛的气场。如果杨凤年每天经过这里去窑场给哥哥送饭，走进那片汹涌的向日葵地，她该作何想？特别是有风的日子，那向日葵们婀娜起舞，飘然欲仙。风在这里就变成了无数精灵，它们会带着凤年的思绪汪洋恣肆地驰骋八极。任何一个有点艺术潜质的人在这样的氛围下，都不可能无动于衷。我们可以想象，那些在风中舞动的葵花，像跃动的火苗，多么强烈地烤炙着凤年的心。试想在一个静谧的夜晚，杨凤年若有所思地举起了一块泥，她眼前那种风吹葵叶的动感活灵活现挥之不去。如果不把那种欲罢不能的钻心般的感受表现出来，她还不如去死。

就这样，"风卷葵"诞生了。

用任何一种鲜活的灵性文字描述它，都会存在某种难度。因为它本身就是一种奔放不羁的形体语言。以风吹葵叶的动感入壶，表现葵花在一刹那的灵动之感，所有的线条都处于一种随心所欲、神采飞扬的状态，所谓山雨欲来风满楼，所谓风声鹤唳草木皆兵，都是写境界的绝句。让一把茶壶收尽了天地之灵气，这在之前的紫砂历史上还非常少见。有权威人士说它体现了作者观察生活提炼植物形态的高超能力，等一个紫砂艺人的最高境界,莫过于把他的才情和灵性全部化入壶中,吾即壶,壶即吾,壶吾合一,融会贯通。

杨氏梅段壶 杨凤年／制

等。我却以为这还仅仅是一种机械刻板的说法。一个紫砂艺人的最高境界,莫过于把他的才情和灵性全部化入壶中,并且能够和谐地体现于壶的每一个细节,吾即壶,壶即吾,壶吾合一,融会贯通。从这一意义上说,横空出世的"风卷葵"是对筚路蓝缕的中国紫砂的一种拯救,从工艺上说,它既有光素器的基础与特质,又有花器的妩媚与灵动,它打破了光器与花器楚河汉界般的隔阂,让寻常生活中的一件饮器充满了温暖可人的诗意。

关于杨凤年,紫砂史上记述她的笔墨虽然恭敬,但少得近乎吝啬。说来说去她到底是个女人,而且,史家认为,除了"风卷葵",杨凤年还有"竹段"壶问世,其它作品则乏善可陈。其实这太苛刻了,你不能要求写出《红楼梦》的曹雪芹还必须写出《桃花扇》或者《西厢记》,一个村姑式的紫砂艺人,用自己生命的激情奋力一搏,成就了紫砂历史上的一段佳话,这已经是个奇迹了。

有关杨凤年的生卒年月不详。最后她嫁给了谁,生活得如何?至今没有人找到翔实而可靠的记载。我想,任何"演义"式的文字,都将是对她的极大不恭。值得欣慰的是,"风卷葵"一壶历尽沧桑,最后由民国陶瓷实业家华荫棠先生收藏,解放后他将此壶献给了国家,现存于宜兴陶瓷博物馆,成为一代又一代紫砂艺人膜拜之圭臬。

附记:(谷梁 | 文)2009年11月3日《文汇报》"笔会"发表了徐风《风卷葵》一文,对清代嘉道年间宜兴紫砂艺坛女大师杨凤年制作的风卷葵壶由衷敬佩,称其为"才情和灵性全部化入"的艺术品,但又感叹"杨凤年的生卒年月不详,最后嫁给了谁,生活如何?至今没有人找到详实而可靠的记载"。

本人藏有杨凤年制作的一件水盂,从中也许能找到她当年生活的一点蛛丝马迹。这是一只开门的旧盂,周长八厘米,高三厘米,暗红的粗砂带着岁月抚摩的温润。盂虽小,但制作规整,四周刻有"司马情深"四字,署名"子冶",字体遒劲潇洒,很见功力。盂底留有"凤年"二字刻章,几位收藏古陶瓷的朋友看后都喝彩。

瞿子冶与杨凤年的关系，未见史录。瞿子冶与杨凤年哥哥杨彭年的交往，熟悉喜爱宜兴紫砂器的人大多知道。瞿子冶是清代嘉道年间的上海名士，生于乾隆四十五年，逝于道光二十九年，曾出任玉环同知。瞿子冶从政未见政绩，而当年在艺林很有名气。他善书画，精篆刻，嘉庆年间，瞿与比他小十六岁的宜兴制壶高手杨彭年合作，创作了不少备受士人追捧的紫砂名器，今日上海博物馆古陶瓷陈列室中置放的几件紫砂器，最显眼处那把壶就是他俩合作之物。无奈老天无情，嘉庆二十五年，杨便撒手人寰。

杨凤年早年被哥哥的光环所掩，哥哥去世后，她很快成了与康熙时苏州制砚高手顾二娘一样声名远播的高人。有卓越紫砂手艺的杨凤年得到深爱紫砂艺术的瞿子冶青睐，这是自然不过的事。我收藏的这只粗砂老盂中，瞿子冶刻上"司马情深"四字，会不会深藏着某种寓意呢？他是把自己当做司马相如，而把杨比做卓文君吗？

但愿这只水盂，能为了解杨凤年增添一点新的线索。

十二
瞿子冶：俯仰天地

与陈曼生不同的是，瞿子冶的性情更疏放阔达些。他题句刻画往往不受壶面所限，甚至在壶上横书，如同骏马而纵横驰骋。他喜欢在壶上画竹，那竹，狂放而又虚静，枝叶挺韧，情致斐然；竹枝往往从壶面连及壶盖，可谓竹荫蔽日，纵逸豪放。

子冶提梁壶 瞿子冶／制

文人都喜欢子冶壶。那是石瓢壶里的一款，洒脱，刚韧，仿佛一满腹经纶之名士，布衣草履，满脸沧桑却又神情恬淡。懂壶的人知道，那壶后站着一个人——瞿子冶，名应绍，清嘉庆、道光年间人，上海名士，贡生，官至玉环同知。史书记载中的瞿子冶工诗词书画，且擅金石、精鉴赏、嗜壶艺。一个入世的为官之人有了这些嗜好，就会慢慢看轻仕途，进而视那些官场方术为粪土。

说瞿子冶，应该把他和陈曼生放在一起谈。

从历史来看，元代的风尚是以叛逆为美，以多元文化的交融为美；明代的风尚是以趋新为美，以当下的享乐为美；那么到了清代，最为突出的习尚便是对古人行为的追踪和模仿，即以古雅为美。前朝留下的一方古印，一座铜炉，一只瓷碗，一块砚石，一幅古画，一把老壶等等，这些物品在清人眼里有着无比珍贵的价值。如果说，官至同知的陈曼生曾经试图在紫砂壶里寻找自己的精神价值，那还莫如说他在不经意间把自己喜欢的一些老古董掐头去尾放进了紫砂里头。前世是古人的，今生则是他自己的。那种名玩的乐趣，一般人是体会不到的。论学问，瞿子冶与曼生各有千秋，但论名头曼生要大些，他是进士，又是名满天下的"西泠八家"之一，艺术家入仕，好歹也熬了个县处级。瞿子冶跟他有相同之处，《清代画史增编》说他"性古雅，鉴别金石文字，画宗南田而用笔放逸，又画竹工力最深，尤精篆刻，摹法曼生，制极精雅"。

瞿子冶和陈曼生一样，把紫砂视作命根子。明末清初以后的江南文人，进则厕身官场，结党营私，同流合污；退则隐居江湖，逍遥逃避，醉生梦死。滔滔乱世，何处去寻理想支柱和精神寄托？紫砂壶，等于是文人精神上的一个知己，这一点，与中国古代的隐逸文化亦有关系。何谓"隐逸"？古代为官之人，有仕途不畅之隐；而超脱之雅士，则有怡情忘怀之隐；期待明君识己之人，亦有蛰伏之隐。这种种隐逸背后，其实也有诸多不便言说的诉求。大隐也好，小隐也罢，皆是为了"独善其身"式的精神解脱。隐于酒，易伤身；隐于狂，易伤神；隐于壶，则神志通透，万事悠悠。

私下里，文人们有一句玩笑话：壶中虽无颜如玉，一杯清茗可倾心。那倾心佳侣，比得上绝色小妾！

论官，瞿子冶比陈曼生当得大，史料说他是"玉环同知"。这同知是个什么官？宋初，枢密院有同知枢密院事，简称同知院，为知院的副职。南宋有同知合门事官，为官示至右武大夫而为合门司主官者。辽南面官有同知府事、同知节度使事与同知州事，皆地方副长官。明、清沿置。分掌巡捕获、粮务、屯田、水利、江海防务等。清各州同知称州同，同知与通判并右为地方政权厅一级长官。按这样的说法，瞿子冶怎么也算是个正厅级，所以他要玩紫砂，具备比陈曼生更好的条件。

陈曼生玩紫砂，玩出了"曼生十八式"，这个影响远远超出了当时的一个县令所能有的知名度。瞿子冶在上海，消息灵通，场面已大。对陈曼生，他肯定是非常心仪的。上海离宜兴并不远，但他不愿像陈曼生那样，在宜兴窑场一呆就是几天。他有条件把中意的紫砂名工请到自己家中，按照他的意愿，慢慢地制壶。而在那些自己喜欢的紫砂壶上题句刻画，对瞿子冶来说是一件多么惬意的事！与陈曼生不同的是，瞿子冶的性情更疏放阔达些。他题句刻画往往不受壶面所限，甚至在壶上横书，如同骏马而纵横驰骋。他喜欢在壶上画竹，那竹，狂放而又虚静，枝叶挺韧，情致斐然；竹枝往往从壶面连及壶盖，可谓竹荫蔽日，纵逸豪放。

那些壶上的题句刻画，或由瞿子冶自己亲篆，或由友人邓符生摹刻。这个邓符生也是沪上名士，刻功十分了得。他懂壶，更懂瞿先生。瞿子冶与紫砂名工们合作的壶，均由他来往传递并且督造。一把壶，定制在上海，烧制在宜兴，邓符生不厌其烦地来回跑。那些窑场轶事，经邓符生一描绘，立刻变得活色生香，让瞿子冶听着高兴。于是瞿子冶就有了一趟又一趟的宜兴之行，他与紫砂名工们的见面，应该是他一生中在那些自己喜欢的紫砂壶上题句刻画,对瞿子冶来说是一件多么惬意的事!

延年壶式 瞿子冶/款

子冶石瓢 瞿子冶／款

子冶石瓢抑扬顿挫，大气凛然，通体有一种俯仰天地间的气度。

最值得回味的篇章。

瞿子冶的传世之壶是一款古朴石瓢，传说系瞿子冶与名工杨彭年合作。这时的杨彭年因了与曼生合作，身价已非当年，但他一点也不敢怠慢瞿先生。他们的合作，从一开始就是默契的。与温雅笃厚的曼生式石瓢不同的是，子冶石瓢透现着一股刚韧之气。如果说，曼生石瓢的特点是讷朴、内敛，那么子冶石瓢则抑扬顿挫，大气凛然，通体有一种俯仰天地间的气度。

瞿壶一出，追捧者日盛，那些喜欢清赏的风雅士人，简直趋之若鹜。所谓一壶千金，绝非妄言。后来瞿子冶干脆称自己为"月壶"，并自印了一本《月壶题画诗》，比起今天的"自费出书"，瞿先生要高雅得多，因为，毕竟有那么多的壶迷追捧。这薄薄的一册，记述了他与紫砂的生命情缘，也记述了一个清高孤傲的文人的心路历程。

方家认为，瞿子冶制壶，应是陈曼生之后的第一人。子冶石瓢，是紫砂中一名款，壶在人在。无论岁月沧桑、世道嬗变，瞿子冶都在那一款壶的深处优雅地品茗论道，挥斥方遒。

十三

黄玉麟：千秋玉壶

显然他没有曼生那样的心态和境界，一个手艺人可以有一点傲气，但自己的饭碗毕竟在客户的口袋里，做人还是圆通些好。因此从造型上看，黄玉麟的弧棱壶强调圆润，消解了曼生弧棱壶的棱角，风骨层面上的东西也少了许多。这就是文人与艺人的区别。

鱼化龙壶 黄玉麟／制

清末民初的紫砂档案里，藏着一个巨匠级的艺人：黄玉麟。

一把紫砂壶卖二两黄金，这是黄玉麟成名后的壶价。当时的二两黄金可以盖三间像样的房子，可以买几头牛，还可以开一家不小的铺子。紫砂壶的价格从来因人而异，有的人名声隆隆，但有价而无市。敢明码标价的还真的不多。黄玉麟不然，他的壶，不但价格明明白白，而且决不多做。家中只要有点稻米柴薪，那壶，就可以不做了。那么值钱的壶为什么不多做？不为什么，就是不愿意为稻粮谋。人活着，就图个悠闲。古人的金钱观真应该让今天的某些艺人们汗颜。那份悠闲体现在壶上，就演变成了某种宠辱不惊的气度。

黄玉麟，清道光二十二年出生于江苏丹阳县城，原名玉林，因避战乱，于六岁时迁居宜兴蜀山，七岁丧父，由母亲邵氏独自抚养。蹒跚学步时，玉林就在大人们的紫砂作坊里打杂。抬头见蜀山，低头是蠡河。对于紫砂艺人来说，蠡河与蜀山，是两个关键的词。蠡河是紫砂得以形成气候的大动脉，它滋养一方灵土，又连接着外部的世界；蜀山则苍秀而峭拔。宋元丰八年，苏东坡自巴蜀而来，感念于这里的山光水色与其家乡十分相似，不禁击节吟哦：此山似蜀，岂不妙哉？他决心在这里买田养老，在松风明月间度过余生。蜀山自东坡登临之后，便通贯着一股绵绵不绝的鲜活之气，乃至这里的一草一木都有了灵性。既然是水火交织，才赋予窑场以生命，那么少年黄玉麟肯定是得水火之魄于心间也。

十三岁时，母亲邵氏托远亲制壶艺人邵湘甫收玉林为徒，走上从艺道路。邵湘甫乃蜀山紫砂艺人，以制粗货（一般日用壶、盆、罐）为业，壶艺并不十分出色。而邵湘甫的对门街坊，却是蜀山紫砂细货好手汪升义家。汪升义的祖父，人称汪胖子，精于制壶，以花器、仿竹器远近闻名，他与上袁村制壶世家邵氏交好，故得一邵氏祖传"鱼化龙"壶制作秘笈。玉林每每为该壶所吸引，但凡汪胖子制作"鱼化龙"时，他总是在一旁偷窥。闲时则去汪家串门，听汪胖子扯《山海经》。玉林机灵，不讨厌，很得汪胖子欢喜。邵湘甫虽然手艺平平，但为人宽厚，从不阻止玉林去对门学艺，想来那真是一个海量级的好人。

二十岁之后，玉林改名玉麐，并开始在茶壶上使用"玉麐"印章。据《宜兴县志》记载，他十三岁就会制作掇球、供春、鱼化龙等难度较大的紫砂壶。一坨紫砂泥到了他手里，说做壶，那就是壶，说捏假山，那就是假山了。民国周志靖先生撰写的《光宣宜荆续志》里又说："玉麟选泥考究，制作精巧，作品晶莹圆润，曾创紫砂假山石景，奇峰巍峨，层峦叠嶂，与人爽心悦目。尝为吴大澂制壶，大征镌章赠之……其壶每持售两金……"

黄玉麟的师父起早贪黑，一天最多可以做五把壶，全是粗货，卖不了几个铜板。可见多做是无用的。黄玉麟几个月才做一把壶，那壶一出来，就变成黄金了。清末民初的黄金非常坚挺，科举已废，凋敝的江南积压了太多没有出路的乡村寒儒，这些满腹经纶的士子，连吃饭都成了问题。一个识字不多的紫砂艺人的一把壶，却能卖二两黄金，真让人匪夷所思。黄玉麟粗茶淡饭，布衣草履，以他的消费标准，卖出一把壶，足以度半年矣。

毫无疑问，黄玉麟成名很早。用我们今天的话说，是谁在包装炒作黄玉麟？其实，和我们今天一样，真正玩得起好壶的，无非两种人，官员与老板。老板给官员送钱，毕竟不雅，也给官员留了风险。送壶就风雅些，说起来也好听，雅壶品茗嘛。黄玉麟壶艺出众，有口皆碑。从十八岁起，他就被一些官宦人家请去临摹紫砂前辈的名作。这里尤其要提到一个名叫吴大澂的江南大儒。吴大澂，字清卿，号恒轩，苏州吴县人，曾任湖南、广东巡抚。工书，善大篆，平生致力于古器物研究。可谓文才艺趣冠誉天下，吴大澂尤喜收藏紫砂壶。清末民初流行好古之风，吴大澂把自己热衷的古代钟鼎、博古陈设，通过黄玉麟的一双手，融入紫砂的器形当中，当是对紫砂的一大贡献。黄玉麟像一个扑向面包的饥汉，得以饱览许多罕见的金石书画、铜鼎玉盘……等于是享受了饕餮大餐。在吴大澂家里，黄玉麟一呆就是数年。在这里，他见识了主人收藏的大量珍奇古玩、名家字画。眼界的开阔，体现在黄玉麟的壶艺上，便是吸收了古贤的精华，绽放了自己的风华。

也有方家评说，大量地仿制古壶和过多地完成"命题作文"，这多少会消弭一个艺人的创新精神。民间艺术生长的规律，往往是生于草莽，兴于江湖，死于庙堂。不过，在吴大澂这里，黄玉麟所获得的，应该是纵身一跃的灵性。

史载，吴大澂还亲镌一方印章，赠予黄玉麟，这应该看做是文人与艺人惺惺相惜的体现吧。

现在让我们来欣赏一下黄玉麟的壶艺作品。

黄玉麟的壶艺功夫，首先体现在泥料配制的独到。就像一个高明画家笔下的色彩，都不是用现成的颜料，而是根据自己的审美理念来调制，因而具有独特的审美价值。黄玉麟做壶，泥料都是根据壶之特点，融入心性，反复调配。有时是粗泥细做，有时是细泥粗做，亦有粗细搭配，浑然而见天成。雪花泥，是黄玉麟独创配制的紫砂泥料。雪花升方壶，宛如江南农村用以称粮的容器，折射出民间祈福祷丰的心态。素面，壶盖方正，壶钮四方，流，把，皆为方形。器型整体显得干净简洁、挺拔刚正。红泥中铺以黄砂，吉祥而富足，呈现出浑厚莹洁的色彩。

"弧棱壶"，黄玉麟代表作之一。它的前身叫"觚棱壶"，乃陈曼生之款形。觚为古代酒器，后又演变为用于祭祀、陪葬的礼器。觚棱，则是古代建筑上的名称，一般指宫阙上转角处的瓦脊。东汉史学家、文学家班固在其《西都赋》中，有描写汉武帝西都长安的诗句："设璧门之凤阙，上觚棱而栖金爵。"曼生之觚棱壶，其实就是瓦脊的断面形。曼生在这里借"觚棱壶"以明志，谓世间人事，应讲规矩方圆，不应模棱两可，一把壶里隐喻着为人处世的道理。那壶身四周，处处锐角，润中见锋，乃暗合"觚"有棱角之意。

黄玉麟的"弧棱壶"，是对曼生"觚棱壶"的一次重新演绎。显然该壶的泥色似沉香而略带青色，有冰莹玉器质感。那种「润」，应该是江湖一笑式的皆大喜欢，是举案齐眉式的琴瑟和谐。

弧陵壶　黄玉麟／制

那应该不是简单的仿古,而是以一种独特的方式对先师的一次心灵叩访。

供春壶　黄玉麟/仿制

他没有曼生那样的心态和境界，一个手艺人可以有一点傲气，但自己的饭碗毕竟在客户的口袋里，做人还是圆通些好。因此从造型上看，黄玉麟的"弧棱壶"强调圆润，消解了曼生弧棱壶的棱角，风骨层面上的东西也少了许多。这就是文人与艺人的区别。

该壶的泥色似沉香而略带青色，有冰莹玉器质感。工艺制作上，黄玉麟把圆润的元素放到了最大，让人感到这不仅体现了他的壶功，还隐衬出他内心的柔软部分。那种"润"，应该是江湖一笑式的皆大欢喜，是举案齐眉式的琴瑟和谐。

黄玉麟成名后结交了许多文人朋友，这一件"弧棱壶"，也是与画家吴昌硕的唱和之作。

壶体一面铭：

诵秋水篇，试中泠泉，青山白云吾周旋。

另一面刻：

庚子九秋，昌硕为咏台八兄铭，宝斋持赠，耕云刻。

文人与艺人的惺惺相惜，又见一斑。

另一件"鱼化龙"壶，乃邵大亨原创。题材取自传统的鱼龙变化故事，乃喻"鲤鱼跳龙门"之意。壶身以极规则的海水波浪纹组成，荡漾开去的线条，变幻成汹涌的海浪，从浪涛里探出的龙头，口吐着一颗宝珠，极大地满足了中国民间百姓祈求富贵平安的心理。纵观壶体，但见行云流水复变成海浪腾达而飞升，龙壶钮为龙头，伸缩自如。浪花翻卷演变为壶嘴，龙尾延伸自然为壶把。"鱼化龙"一出世，窑场轰动。与"弧棱壶"相比，该壶更是圆润似玉，故有人赞誉他为"玉麒麟出世"，且以"玉麒麟"直呼其名。

黄玉麟还多次仿制过"供春壶"。那应该不是简单的仿古，而是以一种独特的方式对先师的一次心灵叩访。

几十年后，许多藏家拿着黄玉麟的"供春壶"，都说是家藏的供春真壶。二十世纪的一代紫砂泰斗顾景舟，对该壶曾经这样评价：

该壶形似仿生香橼，一说似树瘿，树皱满身，理纹缭绕。取瓜蒂形为盖。泥色黄褐，朴质轻巧，端握舒适，出水流畅；寓象物于未识之中，大有返璞归真的意境，大智若愚的势态。

然后，顾景舟指出，这些几乎乱真的供春壶，皆是黄玉麟的高仿。

黄玉麟晚年多病，境遇每况愈下；手脚一颤抖，壶愈做愈差，生计必然窘迫。这通常是紫砂艺人的命运。有方家不客气地指出他也有失败的作品，如圆器之类，浑塌塌然，腴润有之，巧丽欠缺而了无风骨。一个人到了晚年，精气神不行了，就应该隐歇归山，不要再有什么动静，更不要对晚辈指手画脚了，艺人如此，政客亦如此。可惜许多人做不到。老得一塌糊涂了，还在那里折腾。不过，像黄玉麟这样杰出的艺人，最后其实还是迫于稻粮谋。当生命的烛火飘摇欲灭的时候，那些已经不能代表他水准的壶，真不应该成为他生命的最后注脚。

十四

金士恒：在那波涛尽头处

> 金师傅对日本人有礼有节，
> 里里外外磊磊落落，
> 一个中国民间的草根艺人，
> 就是用一枚小小的印章，
> 把自己的国家系在腰间。

诗文竹印盒　金士恒／制

日本人喜欢紫砂壶，无论正史野史，均有记载。

宜兴紫砂器输入日本，始于江户时代（一六〇〇～一八六七）末期，被称为"东洋装"，或径称"朱泥器"，凡镌有"惠孟臣""陈鸣远"等款识的紫砂小壶，在日本特别受到欢迎。日本人善于模仿学习，这也许可以归结到大和民族的某些品质。他们的富士山上没有紫砂土，不光富士山，全日本所有的山上都没有那种神奇的居然能透气的紫砂土。但这并不表明，他们不想研究宜兴紫砂壶的制作技艺。万延、文久年间，日本常滑有个医师名叫平野忠司，此公酷爱宜兴紫砂壶，居然到了神经兮兮的地步。为了证明日本也有紫砂泥，他几乎跑遍了日本的山山水水，结论是上帝太偏爱中国人了，为此他大哭了一场。日本的陶瓷产区在常滑市，那里有一种天然紫泥，虽然没有紫砂泥可塑性强、透气性好等诸多优点，但毕竟泥色酷似，聊胜于无。于是平野忠司就鼓励、指导一位名叫片冈二光的陶工试制紫泥壶具，起名曰：常滑烧。这就为常滑生产朱泥陶器奠定了基础。一直到今天，平野忠司仍被尊为常滑朱泥陶之鼻祖。

平野忠司当然不满足那些用日本紫泥弄出的玩意儿，赚够了船票钱，他就到了中国。站在宜兴丁蜀镇的窑场上，他感到一种极大的震撼。龙窑很威武，火舌喷吐起来简直雄伟极了。他在附近租了间小屋，悄悄地住下来。开始的时候没有人搭理他，一个东洋赤佬，语言又半通不通，这里的紫砂艺人没有愿意跟他玩的。幸亏平野忠司会些医术，窑场上谁有个头疼脑热，平野先生略施小技就手到病除。时间一久，大家慢慢接受了这个日本人。平野忠司最感兴趣的是全手工打泥片镶接成型的制壶技巧，在他看来这是中国人的绝技，他的国家没有，他很着急。他有一个大胆的想法，就是把中国人请到日本去教授壶艺。

时势造就英雄。一个名叫金士恒的宜兴紫砂名工就在这时出场了。几乎所有的历史记载都这样描述：光绪五年，也就是一八七九年，日本人的记载则是明治十一年，金士恒和吴阿根两人，东渡日本，在常滑市陶瓷产区教授壶艺，在日本引起轰动。

金士恒何许人也？宜兴旧志说他是苏州人，也有资料说他原籍徐州，又有考证说他是安徽铜山县人。这些其实并不重要，倒是有一段经历非常关键。他十三岁就在上海投身于瞿子冶门下，研学诗文篆刻，进行着一生中最重要的修炼。后来到宜兴，成为一名壶艺圆熟的师傅级人物。他很可能无家无小，故而浪迹天涯并无任何羁绊。我们还有理由推算，金士恒在上海见过世面，是个性格活跃的人，去日本那样遥远的地方，对于一般的紫砂艺人来说，简直是天方夜谭。但金士恒把它看做是人生的一次机会。那吴阿根，应该是金的朋友，两人能够结伴而行，想必是那种生死契阔的金兰之交。他们的自信在于各有一手制壶绝技。还有一点非常重要，那时甲午战争尚未爆发，国人心目中，中国是世界之中央大国，日本不过蕞尔小国而已。他们上路的那天一定有酒相送，金士恒会对送行的人们保证，他们不会在那个东洋小国盘桓太久，教会了他们制壶的技艺，他们就一定早早回国。

日本方面呢，除了前面说到的平野忠司，有记载的还有一位名叫鲤江高须的日本陶瓷名工。他们的身后站着一大批虔诚的学徒，面对着两位满面尘土的中国师傅，一再深深鞠躬，那是免不了的。甚至，连富士山也似乎感动了，下了一场厚厚的大雪，遍地雪白，浓妆素裹，让金士恒和吴阿根睁不开好奇的眼睛。

金士恒在日本出尽了风头，这毫无疑问。他第一次用全手工打泥片镶接成型的制壶方法让那些虔诚的日本徒弟们眼花缭乱。当第一把器型饱满、优雅灵动的朱泥茶壶呈现在人们眼前的时候，他轻松地嘘了一口气，然后，从腰间解下一枚图章，稳稳地打在壶底。

那图章上镌刻着六个大字：大清金士恒制。

这个细节一下子就把金士恒这个人物给撑起来了。

日本人对这枚图章颇为不爽，曾经多次婉转地向金士恒表示，是否可以不打这枚图章？或者，换一枚"常滑制陶"的图章？金士恒说不可，这是他的出处和来路。日本人虽然心里不痛快，但对他的气节很佩服。

说到日本人的性格，本尼迪克特在《菊与刀》一书中这样说道：

日本人既好斗，又和善，既尚武，又爱美；既蛮横，又文雅，既刻板又富有适应性，既顺从又从不甘任人摆布，既忠诚不二，又会背信弃义，既勇敢又胆怯，既保守又善于接受新事物，而且这一切相互矛盾的气质都是在最高的程度上表现出来的。

金师傅对日本人有礼有节，里里外外磊磊落落，一个中国民间的草根艺人，就是用一枚小小的印章，把自己的国家系在腰间。

既然到了日本，有一个人不能不见，他就是东京著名陶艺鉴赏家奥玄宝（一说奥兰田）。此公也是个壶迷，他多次到中国访问，将集录的三十二件茗壶图谱，于明治四年出版了《茗壶图录》，洋洋两大卷，从紫砂壶的源流、式样、形状、流把、泥色、品汇、小大、理趣、款识、真赝、无款、衔捏、别种、用意等娓娓道来，共十四章，文辞颇多妍丽，见识则十分别致。三十二件茶具均被他作了拟人化的命名，如梁园遗老、倾心佳侣、凌波仙子、卧轮禅师等等。通篇洋溢着一位熟谙中国传统文化和东方审美观的日本士大夫的紫砂情怀。金士恒十分敬重这本书。他们的见面是应该互赠礼品的，金士恒的袖中，想必藏着一把精巧的壶，当然是从中国宜兴带来的紫砂壶。当奥玄宝接过这把壶的时候，他看到金士恒的笑容里，有着紫砂一般的质感，朴憨中尽现灵韵。

金士恒和吴阿根在日本呆了多久？多数资料说是半年，也有说十年的。从情理说，半年时间太短暂了，历史上有记载的日本徒弟鲤江方寿、杉江寿门和伊奈长三人，跟金师父学得非常刻苦，但半年之内全部掌握制壶技艺似不太可能。而十年之说则更加玄乎。金士恒和吴阿根似乎不会在那样一个远离亲朋的国度一呆十年。无论如何，金士恒和吴阿根不辱使命，教会了日本人"打身筒"制壶法及壶体陶刻的装饰技法，使得当地的朱泥技术有了突破性进展，并且出现了小型精巧的壶艺作品，被史家认为是日本制作宜兴风格的朱泥茶壶之始祖。

有必要说说日本方面对金士恒的评价。一九八六年日本常滑市举办"金士恒展"，常滑市教育委员会教育长都筑万年在开幕式上说：

自古以来，一直以制造大型粗糙陶器为主的制陶地——常滑，终于出现了像茶具这样精美的陶器，其背后必须有广阔、深远的文化积累，否则就是形式上的模仿，不可能出现制品本身所具有的根本魅力。而指导这一最根本部分的人物，不是别人，正是金士恒先生。（日本《砂艺掇英》下册）

金士恒的传世作品不多，但他的名字已经牢牢钉契在中日文化交流史上。吉林出版社出版的《紫砂鉴赏》一书，刊登了金士恒的两件"日本常滑对壶"，想必那是金士恒在日本常滑创作的作品。那两把壶直流冲天，壶钮如冠，壶把如弓，似团团如坐，如默默凝视，泥色呈黯肝色，沉郁而自如。那是金士恒的精神所在，一千年过后，壶在人在，永不磨灭。

十五

康雍乾：深宫壶影

在皇帝的抚掌之间它始终笃定安静、寸水柔肠，
无论官中波诡云谲，
江山社稷沉浮变幻，
它始终不离不弃地守着皇上。
一直到今天，
它还保持着前世的矜持和尊严。

铜把点彩提梁壶（嘉庆丙辰）

紫砂壶流入宫中，时大彬当记头功。前面说过，时大彬的第一件紫砂壶是靠了美丽的雕漆外衣包装，才得以进宫的。专家们后来又发现，明代还有一件紫砂雕漆提梁残壶，壶把已经脱落，壶外饰雕漆几乎已经掉光，壶内原旧黄签上写有："宜兴窑提梁壶一对，寿康宫。"原来那是皇太后用的。这个细节让后来的紫砂艺人非常振奋。进宫，作为一种不便启齿的理想，其实一直潜伏在民间艺人的心中。就是今天的紫砂艺人，若是某人的作品被中南海收藏了，那简直就是鲤鱼跳龙门的感觉。

总体上说，紫砂壶在明代还是属于初创阶段。皇宫在全国的选择余地很大，不会轻易接受那些粗糙的民间工艺品。烧制紫砂壶的龙窑又不是官窑，就连宜兴地方县志，提到紫砂时，笔墨也很吝啬，即便是供春、时大彬这样的顶级巨匠，在县志里所占的文字不过寥寥数语。

明代中叶，宜兴窑根据当时的风尚，生产一种挂釉的紫砂壶。其釉色特点与宋代河南钧窑窑变釉有某些相似之处，明人即称之为"宜均"。宜均制品胎体轻薄，烧好素砂胎后需上釉二次烧成，制作成本高而易碎。历史文献记载："近年新烧，皆宜兴沙土为骨，釉水微似，制有佳者，但不耐用。"虽然如此，它毕竟弥补了砂胎表面粗涩的缺陷，在明代中期非常盛行。制作水平高的宜均壶，奋力一跃，终于达到了被皇家使用的标准，终于进宫了。消息一到，坊间的艺人们额手相庆，往日里寒碜的作坊仿佛一户户皆蓬荜生辉。

到了清代，宜兴紫砂挺进皇宫的力度大有增加。据清宫档案记载：

"雍正六年十月初一日，郎中海望，持出各色玉器古玩共六百四十三件，第一盘……宜兴马褂瓶一件附紫檀木座，龙头酒圆二件、宜兴挂釉仙鹤砚水壶一件……"此外，又有"宜兴圆盒一件……宜

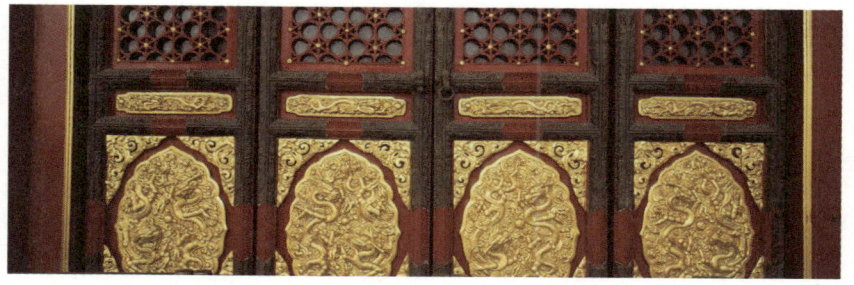

故宫照片

进宫,作为一种不便启齿的理想,其实一直潜伏在民间艺人的心中。

兴桃式水丞一件附紫檀木座……"（见王健华主编《你应该知道的200件紫砂》，紫禁城出版社）

　　上述文字表明，这个在皇帝身边供奉的海望郎中，对宜兴紫砂情有独钟，他在准备给皇帝玩乐的那些小摆设里，特意放上许多宜兴的紫砂物件。是日，皇帝心情安好，海望端上去的第一盘玩物里，就有四件紫砂品，其中"宜兴挂釉仙鹤砚水壶"是唯一的挂釉制品。雍正玩得开心，宜兴虽弹丸之地，尽出奇物。那宜兴壶，古气氤氲，怎么看着都舒泰。你想，被雍正皇朝称作古玩的东西，最晚也得是明代的遗物了吧。

　　康熙皇帝博学且多才多艺。那个时候西洋的"珐琅彩"已经传入中国。但一直用洋人的东西，皇帝心里不快。于是宫里就让人研制出一种国产的珐琅彩，果然不错，一点也不输给洋人。康熙非常喜欢这些洋玩意。他还自己动手，在各种质地的胎体上画珐琅。其实皇帝也好，庶民也罢，每个人的心中都有创造的乐趣。作为一个潇洒的性情皇帝，清宫的旧藏里，有许多康熙时期的金胎、铜胎、银胎、玻璃胎、瓷胎和宜兴紫砂胎等各种不同质地的画珐琅制品，端的是金碧辉煌，美轮美奂，那其中，必定有大量康熙的御笔亲作。

　　紫砂壶到了清代，无论器型泥质皆有质的飞跃。康熙喜欢紫砂的温润色泽和器型的质朴内敛，特意让宫中的"造办处"（类似于我们今天的"机关事务管理局"），画出他所心仪的壶样，派专人送到宜兴窑场，让名工精心制作，烧好素胎后呈进宫廷。"造办处"会根据壶型风格，让宫里的御用画家在壶上画珐琅彩，然后用小炉窑烘烤而成。据考证，在北京烧造珐琅彩的地方有三处：紫禁城内的如意馆、颐和园，还有怡亲王府内。雍正时期，"造办处"的最高首长就是怡亲王。为了给皇帝烧造最满意的珐琅彩紫砂器和瓷器，他居然在自己家里也开了一个小窑。有一天，皇帝突然来了，说要体验一下烧窑的乐趣，把太监们吓了一大跳。其实，在宫里烧珐琅彩，除了技术不外流，最大的因素还是因为皇帝喜欢玩这个。所有的乐趣在于过程而不在结果。试想，康熙皇帝忙完了一天，终于从各地堆积如山的上书、奏报中抬起头来，用可人的珐琅彩宜兴紫砂壶喝一口阳羡紫笋芽茶，一团清朗之气入得五脏六腑，想必是顿觉神清气爽。

王健华先生主编的《你应该知道的200件宜兴紫砂》一书里，难得地披露了清宫紫砂的诸多珍贵资料。于是我们得以知晓，雍正皇帝"最欣赏紫砂茗壶独具个性的造型和泥质的天然肌理之美，即使有花纹也是本色泥绘"。这时的紫砂壶，全然没有了明代初创期那种粗糙的土砂之气。据清宫档案记载：

雍正四年十月二十日，郎中海望持出宜兴壶大小六把。奉旨：此壶款式甚好，照此款打造银壶几把、珐琅壶几把。其柿形壶的把子做圆些，嘴子放长，钦此。

这个海望郎中还真是非常关照宜兴紫砂，此公绝对是个铁杆壶迷，囊中一定收了不少好壶。由此我们还可以断定，雍正朝宫里有宜兴紫砂壶，已经不是什么稀罕之事，而且，壶的品种还不少。所谓"柿形壶"暗合了民间"事事如意"的谐音，是中国口彩文化的一个典型个案。有一件"雍正宜兴窑柿蒂纹扁圆壶"，盖面浮雕的柿蒂纹周边向外翻卷，曲线优雅自如，给光素的壶体增添了圆雕的神韵，具有典型的晚明遗风。

雍正还多次命令景德镇官窑按照宜兴壶式样烧制瓷器。还是这个海望郎中，手持一件宜兴紫砂素壶，于一个天气晴好的早晨，语气琅琅地宣旨：

此壶把子大些，嘴子亦小，着木样改准，交年希尧烧造。钦此！
做木样交年希尧，照此款式做均窑、霁红、霁青釉色烧造。钦此！

年希尧何许人也？此公乃清康熙、雍正间汉军镶黄旗人，其家世见《清史稿·列传八十二》。他早年任工部侍郎，雍正三年（公元一七二五年）受其弟年羹尧株连夺官。次年复又起用，为内务府总管，命榷税淮安，兼管景德镇御厂窑务，达十年之久。故雍正朝的官窑瓷，习称"年窑"。

雍正皇朝仅存十三年，在"造办处"的档案里提到宜兴紫砂的，就有十一次之多。由于雍正喜欢紫砂，又有海望这样的铁杆壶迷内外接应，雍正时期流入宫中的紫砂壶数量一定不在少数。而且，受宜兴紫砂壶的启发和影响，雍正时期的官窑瓷器中出现了许多新颖灵秀的造型，如斗彩提梁壶、粉彩圆壶、仿均菊瓣壶、霁蓝釉钵、霁红釉钵等，故宫博物院的专家认为，这些壶的造型、风格或多或少地从紫砂壶上获得了灵感。

乾隆皇帝更不得了，他一生嗜茶，对茗饮用具的考究堪称登峰造极。作为一个顶级老茶客，他深谙紫砂壶泡茶的妙处。在他看来，一柄上乘紫砂壶的价值，完全可以和官窑瓷器媲美。乾隆又好作诗词，兴致来了，可以一日几诗。他用的紫砂壶上，特别讲究诗、书、画、印的完美结合。那壶上的绘画和书法是用本色泥浆堆绘而成，泥浆研磨得和墨汁一样细润而有亮色，稀与稠的程度，必须恰到好处，其技术难度可想而知。有时，乾隆突然来了诗兴，乃于殿上即兴口占，一旁伺候的太监赶紧将御诗抄录在案。故宫藏有一把"宜兴窑描金山水方壶"，一面绘金彩山水人物纹，另三面用篆体金彩乾隆的一首五言诗：

径穿玲珑石，檐挂峥嵘泉。
小许亦自佳，昨来龙井边。

这首即兴小诗虽然直白了些，但在乾隆的诗作里已经属于上品。据说乾隆一生至少写了上万首诗，这个产量足以让今天的专业诗人汗颜不已，完全够得上劳动模范的称号了！可惜乾隆的诗基本上没有什么可以传世的，充其量不过是华丽工整的顺口溜而已。但是历史上的极权人物身边，总是不乏溜须拍马的御用文人，譬如乾隆，他的白开水一样的"御诗"被捧到了天上，以至乾隆自己也觉得自己不仅是个英明的皇帝，还是个杰出的诗人和书法家。

绿地描金瓜棱壶　旧藏清宫养心殿

数百年的光阴过去了，当年的壶依然那么金碧辉煌。

黑漆描金菊花壶　旧藏清宫

连满朝文武都知道，皇上喜欢紫砂壶，就像喜欢可人的嫔妃一样。

无论如何，宜兴紫砂应该向这位可爱的皇帝深深鞠躬，连满朝文武都知道，皇上喜欢紫砂壶，就像喜欢可人的嫔妃一样。由乾隆御笔题诗的那些"烹茶图茗壶"，有筒形、六方筒形、深腹阔底形、扁圆形、圆形、瓜棱形等，且看这些壶的坯面上好不热闹：这一面是皇上的御题亲笔；转过去，那一面是堆绘的烹茶图，是明代文徵明的画稿底子；再看那泥色，朱砂红、紫红、栗色、深姜黄、浅粉黄、灰赭色等等。乾隆非常喜欢富丽堂皇的装饰风格，把戗金、描金、模印、刻划、雕刻、彩泥堆绘等不同的装饰技法全用在一把小小的紫砂壶上。这些绝技，可惜在乾隆皇朝之后全部消失了。专家认为，珐琅彩在它诞生后的两百年内，技艺秘不示人，亦无任何记载。除了皇上，没人敢用。紫砂胎彩漆描金壶应该是乾隆时期堪称一绝的精品，"造办处"的能力果真非常了得，让彩漆和紫砂完美地粘合，让漆皮与胎体结合紧密且熔为一体，这些彩绘紫砂壶上的高难度技术问题，居然被"造办处"的爷儿们一个一个踩在脚下。皇恩一浩荡，何处不春风？皇帝一高兴起来，说不定也会题个词、赐封他们一个"科技英才"称号什么的吧。

清朝的文化繁荣，可以和欧洲的文艺复兴相媲美。数百年的光阴过去了，当年的壶依然那么金碧辉煌。乾隆最喜爱的一件"紫砂绿地描金瓜棱壶"，就是放在今天看，也堪称无与伦比。那种装饰效果，真正让人震撼；就是官窑的粉彩瓷器，也绝不比它靓丽。此壶一直是乾隆的宝爱之物，在养心殿占着一个无比尊严的位置。在皇帝的抚掌之间它始终笃定安静、寸水柔肠，无论宫中波诡云谲，江山社稷沉浮变幻，它始终不离不弃地守着皇上。一直到今天，它还保持着前世的矜持和尊严。

十六

程寿珍：冰心壶道

老子说，万物遵道。所谓遵道，就是要遵守大道，因为，最大的利来自顺从。从此，『冰心道人』镌在印上，打在壶底，壶在印在；江湖上说到『冰心道人』都知道是程寿珍。

紫泥掇球壶　程寿珍／制

一九一五年。美国旧金山。太平洋万国巴拿马国际赛会。

来自中国的一批紫砂艺术品获得了金奖。其中有一位名叫程寿珍的紫砂艺人所制作的"紫砂掇球壶",引起了极大的轰动。身在大洋彼岸的这位紫砂艺人刚满五十二岁,正当盛年的他听到这个消息,只是悠然地捋了一下他那灰白的美髯。门下的许多弟子纷纷前来向他祝贺,于是他吩咐家人,从床下搬出一陶瓮封存了三十年的老酒,倒在陶罐里,分与大家痛饮。

程寿珍,民国时期最重要的紫砂艺人之一。

徐秀棠著《中国紫砂》一书称程寿珍是上袁村人。亦有其它著作称程寿珍是宜兴和桥人,太平天国后移居蜀山。和桥是个商贾发达的活水码头,有"小无锡"之称。地气对一个人的成长至关重要,而迁徙则是气场的替换与互补。程寿珍幼时,即被紫砂名艺人邵友廷收为养子,这样的造化并非人人能有。窑场上的人都知道,程寿珍年少即能制壶,凡有次品,养父友廷则严词训斥。这样的家学让寿珍得益匪浅。壶功虽然了得,但童年的嫩肩膀毕竟负荷太重。蜀山脚下,遍地皆匠。壶匠只为糊口,能将那紫砂土敷衍成壶,换些油盐小钱贴补生活,便可悠哉乐哉。名利之类,如天上之彩云,看得眼晕,不看也罢。但程寿珍从小接受的是邵友廷的精英教育。那邵友廷心气多高,"若不想青史留名,那壶还做个鸟啊?"友廷如是家训,常常惹烧窑汉子们笑掉牙。但有一天窑工们在开窑时发现,程寿珍做的一把壶,真的超过了邵友廷。那友廷闻之,呵呵浅笑,揖手而去。

一日,寿珍自谓"冰心道人"。想来程寿珍是受了道家的影响,老子说,万物遵道。所谓遵道,就是要遵守大道,因为,最大的利来自顺从。从此,"冰心道人"镌在印上,打在壶底,壶在印在。江湖上说到

"冰心道人"都知道是程寿珍。

程寿珍出道是在上海。有个名叫戴国宝的南京人，在上海开了一家"铁画轩"陶器行。这个戴国宝，自己就是一位民间刻瓷高手，以钢针錾刻花纹于瓷器，号称铁画，故得轩名。戴老板的"铁画轩"通着宜兴紫砂，他自己也是个铁杆壶迷，紫砂的历代名作，几乎被他一网打尽。在一份长长的壶手名单上，程寿珍的名字赫然在列。这些很少出远门的壶手们被戴老板请到大上海，不是来"白相"的，而是按照戴老板提供的明清老壶照片加以仿制。这些以假乱真的"老壶"流到上海滩上的名伶权贵手里，就成为稀世的珍玩。程寿珍在这样一个平台上得以大放异彩，是因为他仿古壶，得古人神韵，壶功又了得，故得戴老板与众多壶客赏识。关键在于，程寿珍在上海见识了许多真正的古玩精品。清代乾隆、嘉庆以后，金石考据之学盛行，官僚、士大夫阶层嗜好古代钟鼎器物，这种风气也引入到紫砂壶艺之中，程寿珍深得个中三昧。那些古玩上的精髓，一不小心就被他融进了壶里。但无论如何，紫砂的主战场在宜兴，上海最终不是他呆的地方。于是程寿珍又回来了。

程寿珍最有名的代表作是"掇球壶"。

该壶堪称紫砂光器中的经典之作。犹如大、中、小三个圆球垒叠，显得稳重圆润，丰满精致，有一种俯仰天地、器宇轩昂的气度。它简洁，似又繁复，而繁复又消融于浑然一体的简洁之中。整个器型雄浑大度，又波澜不惊，体现了平和、清静、无为的道家精神。后世的紫砂艺人都把它奉为经典，就像初入门的美术生，必得画维纳斯一样。它后来被送到美国旧金山，又送到芝加哥，连获殊荣，给中国人着实争了一把脸。

但说实在话，那些身外的荣誉对于程寿珍的日常生活来说，基本没有什么影响。那印着洋文的奖状，不就是一张花纸头么？老子说，有无相生，难易相成。晚年的程寿珍坚持做壶，一日不辍。很可惜他做不到气定神闲。人活着，一瓢一饮，稻饭羹鱼，是非常具体的活汁。窑场上的人说他七十多岁还能吃猪头肉，为了这一口鲜美的猪头肉，他的手也不能歇着。如此能吃，表明他身体好。譬如刘海粟，九十三岁时，

紫砂掇球壶壶底款　程寿珍／款

扁石壶 程寿珍／制

他还能吃一大盘鸭屁股呢。有资料说程寿珍七十岁后只做三款："掇球壶""仿鼓壶""汉扁壶"。创作基本上停止了。那三款壶，最能显示程寿珍的功力，但也表明他的晚年很无奈，客户要求他做什么，他就只能做什么。他有时还有创作的灵感，偶尔还想翻翻花样。但客户不买账："你做别的，我们就不要了，那不是你的东西。"搞艺术的如果不能随心所欲，让人尽兴歌哭，不能放开心怀、酣畅淋漓，那是多么遗憾的事情。一个艺人到了晚年，最怕病，其次怕穷。程寿珍一辈子穷够了，猪头肉可以狠狠心不吃，但他不能不为子孙考虑，所以他晚年不敢创新，亦步亦趋地重复自己。他儿子盘根，倒是继承父业，也做壶。据说程寿珍晚年镌了一方印："八十二老人"。但权威的资料表明，程寿珍只活了七十五岁。于是又有人说，那方印是别人所赠，是朋友们希望他活过八十岁，那样的话，寿珍就可称寿星了。那个缺医少药的饥馑年月，人活七十就称古稀。八十二岁，比今天的一百岁还不容易。程寿珍难得地做了一辈子壶，他当然非常希望自己能闯过八十二岁大关。民间有个说法，人过八十二，阎王管不住，意思是过了八二大坎，可以向百岁挺进了。真要这样，程寿珍就是紫砂界的一个世纪景观。所以他把那枚印章打在壶上，一是给自己打气，也是不让壶迷们失望。有同道背地里取笑他倚老卖老，其实这完全可以理解。

　　和所有的父亲一样，程寿珍也望子成龙，然而技艺可教，气息却是不能传授的。程寿珍的宝贝儿子盘根，倒是学会了依葫芦画瓢，他也做那掇球壶，偷偷把父亲的印章打在壶底，然后拿出去卖。行家一看就觉得气息不对，古朴、精气、定力，都不见了，此掇球，非彼掇球也。天下壶手千千万万，程寿珍却只有一个。太多的壶消失了，老爷子的"掇球壶"传下来了，一直传到今天，令许多壶功平庸的艺人不敢染指。一个艺人需要留下多少心血，才能在壶里留下自己？人去了，那些精气神，还明明白白地留在壶的每一个细节里。之后许多年，但凡严厉的师父教育徒弟，常常这样说："有本事，做一把掇球壶来看看！"

十七
俞国良：传炉真经

艺人创作时的心态非常重要，「无求」就是大求，而「有求」反而是难求。此话怎讲？古人做壶时，心情散淡，不像我们今天的艺人，壶还没做好，就想着要去评奖，去拍卖，去炒作。那种急吼吼的样子，那种肤浅与浮躁，全部暴露在壶上了。

红大传炉壶 俞国良/制

时隔十七年，另一位民国制壶名手俞国良，以一件极具中国气派的"四方红大传炉壶"，获得美国芝加哥博览会优秀奖。

传炉壶，世人称其为紫砂壶中的稀世珍品。今天的紫砂艺人说到制作难度大的壶，总是异口同声地说传炉壶。而俞国良的传炉壶仿佛天成。该壶精选泥质最好的大红泥制作（可惜，这样的大红泥已经绝迹）。烧成的火候也堪称极佳；色泽朱红、肌理滋润、端庄大气、光彩鉴人。

俞国良生于无锡锡山乡下。没有资料表明他师从何人，但他成名很早。有记载的一九○○年，俞国良二十六岁，正是英姿勃发的年龄，两广总督端方居然大驾请他造壶。端方何许人也？此公乃满洲正白旗人，在晚清政坛上占有重要位置。史料称他是中国第一个农工商总局的"局长"，他曾领衔奏请停止科举考试，废除了流行一千三百年的科举制度；他举办了第一个全国规模的大型商品展销会；他创办了中国的第一个公共图书馆；他创建了中国的第一个幼儿园；他还建立了各类大、中、小学两百多所；他还向国外派遣了留学生一千多人。他收藏有《红楼梦》原稿早期手抄本。他在国内首先使用照相机，他还最早在国内放映电影。可是没有人知道，他还是个超级紫砂壶迷。他家里藏有明清诸家的紫砂精品上百件。他请俞国良造壶，当非偶然。俞国良的紫砂传器古意盎然且气度非凡。在当时资讯并不发达的社会，俞国良的名字传到一个朝廷重臣耳中，非常不易。不知情的人为俞国良捏把汗，其实，俞国良早就见过世面，更年轻的时候，他就受聘于苏州大儒吴大澂家制壶。吴大澂（一八三五～一九○二）字止敬，又字清卿，号恒轩，又别号白云山樵等。官至湖南巡抚。平生致力于古器物研究，为晚清著名金石考古学家。吴大澂喜欢把紫砂艺人请到家中制壶，俞国良并不是第一个。俞国良在吴大澂家见过的"世面"为他日后闯荡江湖奠定了基础。试想,一个紫砂艺人居然被那样显赫的达官贵人请至家中,不说鲤鱼跳龙门,至少也是身价倍增吧。其实未必,那端方是个清廉之官,囊中虽不羞涩,然而从来计较着开源节流。工钱不会少他一文,但出手肯定不会一掷千金。吴大澂也一样,为官时两袖清风,请俞国良来家制壶时,已经辞官多时,虽然家底颇殷,但布衣肚量,充其量让俞国良吃饱穿暖而已,给些工钱也是有限的。要说收获,俞国良首先得到的是眼界的开阔,其次是心理的满足,至于江湖上的虚名,多了也就麻木了。旧时的名人哪像今天,题个字,剪个彩,开个讲坛,都可以拿厚厚的红包,从而富得流油。俞国良日后的清贫生活表明,他年轻时口袋里并未积攒多少银两。

俞国良为端方造壶,还有一段佳话。端方非常喜欢俞壶,因为他也参与设计了某些壶样,如果壶底打上他的印章,那应该不算"侵权",而且,官大人参与制壶,是多大的一桩美事!俞国良造壶,本来就是为了让端方大人高兴,于是,只要端方中意的壶,壶底和壶把反面,便都分别打上了端方的雅号与别号:"陶斋""宝华盦"之类。

俞国良的传世之作"红大传炉壶",应该是他成名之后的作品。从器型上看,俞国良制作此壶时,气度安详,心态沉静,那种淡定的神韵贯穿全壶。而技艺层面上的东西,反而是退而其次的了。艺人刽作时的心态非常重要,"无求"就是大求,而"有求"反而是难求。此话怎讲?古人做壶时,心情散淡,不像我们今天的艺人,壶还没做好,就想着要去评奖,去拍卖,去炒作。那种急吼吼的样子,那种肤浅与浮躁,全部暴露在壶上了。古人不是这样的,他悠笃笃地做壶,日出而作,日落而歇,生活虽然清苦,但每一天的日子像天上的流云一样舒展,一点也没有那些名利的困扰。俞国良的时代兵荒马乱,艺人的地位非常边缘,俞国良是个明白人,中年之后,他已经把自己后半生的路途看得非常清楚,既然靠做壶不能发财,那壶多做又有何益?还不如做得少些,做得好些。红大传炉壶,正是这样的产物。它就是俞国良自己的缩影,从容,恬淡,舒展,洒脱。说最高的技巧就是无技巧,那并不是真的不要技巧，而是大技若无，大艺不雕。那种境界，一般艺人何能企及？

俞国良的另一件作品"九果壶"，则体现出他模拟大自然生物百态的功力与才情。九果，顾名思义，就是自然界的九种果品，分别是乌菱、白果、瓜子、花生、白藕、莲心、蘑菇、蚕豆、核桃。清末瞿应绍曾经做过此壶，难度非常之大。俞国良做这把壶，内心还有着草根艺人对生活的感恩，这些寻常的果品，有着草根生活的暖意，是上苍赐予老百姓的吉祥物品。九，作为数字，在中国民间，既是最大，又最吉祥，它暗合着"久"，暗合于百姓祈福纳祥的心态。俞国良在这里显示了他卓越的仿生制作能力，仅仅用"乱真"二字来表达是不够的，那些果品，仿佛有感应，有呼吸。你捧着这把壶，心就觉得满满，生活纵然清苦，可念想还是蛮多，造物主一点也不想亏待我们。就像壶里的酽茶，初入口有点苦，一会儿回甘，满嘴都生津，一直甜到心里。

俞国良还有一件值得称道的代表作品"梅花周盘壶"。此壶构思巧妙，为六瓣梅花形状，壶体的线面交待非常清楚，细部刻画周到而传神。整个壶型，确有一种冰清玉洁的韵味。这件作品获得了"江苏全省物品展览会特等奖"，这是一项非常高的荣誉，旧时评奖，少而难得，简直是百年一遇。俞国良很看重这个奖，特镌长形楷书章，以表纪念。这一年是民国二十五年（公元一九三六年），俞国良已经六十三岁。

俞国良并不像一般的紫砂艺人那样，一生都趴在自己的作坊里。他的前半生行踪飘泊不定，即便是忠实的壶迷，也是只见其壶，不见其人。一直到他晚年，才在蜀山脚下的木石村定居下来。之前他有否婚姻？现存的资料皆语焉不详。但有一点是肯定的，他六十岁的时候还是孤身一人，这时的俞国良对生活的要求已经非常低。贫与病，从来是一对孪生兄弟。他身体多病，需要一个女人来照顾。于是在朋友的撮合下，他与一位邵氏寡妇结为夫妻。那邵氏寡妇膝下尚有一儿一女，儿名邵陆大，小女名叫宝琴，皆聪明懂事，俞国良视如己出，非常疼爱。他决心把自己毕生的壶艺都传给他们。每日里，必有造壶之课，那样耐心细致的耳提面命，让邵氏兄妹如沐春风。俞国良告诫他们，做壶必得先做好人，人要厚道正直，要仁爱待人，人品和壶品是一脉相传的。俞国

九果壶 俞国良／制

九果,顾名思义,就是自然界的九种果品。俞国良做这把壶,内心还有着草根艺人对生活的感恩,有着草根生活的暖意。

梅花周盘壶 俞国良／制

良还教他们制作许多造壶的工具，其实，所谓造壶的"秘笈"，多半就在工具里。在生命的最后岁月里，俞国良内心非常珍惜邵氏寡妇和两个儿女给他带来的温暖和快乐。他觉得，人奋斗一生，最后需要的就这么简单，一个温暖的屋顶下一张热气腾腾的饭桌，一个温暖的被窝里有一个可以说说知心话的老伴。最后他都得到了，所以他格外地感恩。他的身体每况愈下，就像一盏油灯，已经耗尽了它最后的灯油。有一天他让邵氏搀着，去蜀山上看一处坟地。那蜀山郁郁葱葱，山坡上坟茔点点，触目皆是陶工与壶手们最后的安息之地。走到一朝南向阳之坡地，俞国良驻足停留，环顾四周，但见暮云春树，苍苍茫茫。他颤颤巍巍地用拐杖在地上画了一个圈，说："此处甚好！"

一个月后，俞国良长眠于此。

在最后留给家人的一份清单上，俞国良一笔不苟抄录了他留存于世的六十件壶艺作品。那是他全部智慧与才情的见证。中国近代紫砂史应该感谢这位只活了六十五岁的紫砂巨匠，他把自己毕生的心血，全部融入了那一把把带有生命温度的紫砂壶里。

十八

李宝珍：壶陨长夜

一句话提醒了李宝珍。他颤颤巍巍爬起来，用一根竹节拐杖，将家中所有紫砂茶壶全部打碎，说：「宁为玉碎，不为瓦全！」

柿子提梁壶　李宝珍／制

说过了俞国良，再说一个俞国良的徒弟。

蜀山下的南街曲曲弯弯，旮旯里冷不丁走出一个人，蓬头垢面，衣着邋遢，神情愚钝，阔脸上一道亮疤，端的是一副背时之相。千万别小看他，你看他步履稳稳、衣袖宽宽，举手投足，自有一份常人不易察觉的清朗之气。那飘拂衣袖里说不定藏着宝贝呢。什么宝贝？说时迟，那时快，袖中便掏出一把壶来，口中念念有词：宝珍之壶，只认知己不卖财主！

居然有人哄抢。壶，只有一把，银圆两块，要买趁早！

没得到壶的人叹道：宝珍之壶，就这么难求吗？

这里说的，不是水浒传里的某个章节。李宝珍，俞国良的高徒，生下来就是个做壶的艺人。晚清光绪到民国前期，蜀山下的南街，这一带的人，不是做壶的，就是烧窑的。宝珍家几代做壶，越做越穷，于是他这辈子也只能做壶，只配做壶。

据说俞国良很赏识李宝珍。满师的时候，俞国良特意为李宝珍做了一套制壶的工具，这是他对徒弟最高的赏赐了。某一日，俞国良将宝珍唤到跟前，说有一个机会，去山西，给阎长官制壶。李宝珍脑子里嗡地一响，乖乖！他这辈子连县长也没见过，阎锡山可是山西的"皇帝"呀！宝珍向师父保证，一定不辱使命，好好干！

去山西的紫砂艺人计有：李宝珍、杨阿时、吴云根。

后来宝珍才知道，阎锡山并不是单请他们为他个人制壶，而是邀请他们去山西的平定县创办平民陶器厂。

那山西平定县，位于太行山右中段，地处冲要，素为兵家必争之地。旧石器时代已有先人聚居生息。夏至秦归属频变，汉初至宋置县，金、元、明、清为州，雍正初升为直隶州，民国改县。平定出高黏陶但凡那窑里有李宝珍的壶,便会有客户在窑口守候,他们早已付了定金。壶刚出窑,壶体还烫手,就被人取走。

传炉壶 李宝珍/制

土,制陶历史悠久,早在唐代即产白瓷。全国宋窑一百三十个县,平定即在其中,属古定窑系,旧有"西窑"之称,在清代为山西产瓷大县之一,成为山西四大"土贡"窑之一。平定刻花瓷,具有中国古代定窑系典型风格,该瓷以黑釉刻花为主,包括棕釉、白釉、黄釉、仿哥开片釉、窑变釉、剪纸漏花加彩和木叶窑变釉等,堪称陶艺绝活。李宝珍们到了平定,大展身手,一面建陶瓷厂,一面带徒弟,名声日隆自不必说。李宝珍年轻,精力充沛,一个人可以干两个人的活。老板非常赏识他,自然赏金也多。李宝珍给家里写信,说自己天天吃萝卜干,为的是存钱,将来造房子娶媳妇。三年下来,李宝珍的腰包里很攒了一笔钱。后来,房子真的造起来了,就在蜀山南街的后巷,三间平房,是当时一个壶工非常奢侈的宅第了。有了房子,老婆也娶回来了。李宝珍很知足,俞国良师父说过,人生贵有几个"老",一是有个老窠,二是有个老伴,三是有一圈老友,四是手头有少许老货。所谓老货,就是细软,那是防老之用。一个平头百姓有了这几个"老",就应该很满足了。

  李宝珍的风头出在一九三三年。当时的江苏省主席陈果夫刚刚上任,此公是个大才,很想在江苏这块宝地上有所作为。他喜欢陶瓷,着令让宜兴的陶瓷师傅去苏州兴办陶瓷厂。李宝珍被选上,这在当时是件很荣耀的事。可惜,现存的资料讲不清楚为什么要在苏州这样一个并无陶土资源的水城办陶瓷厂,这个陶瓷厂又设在苏州的何地?只说他带了一班徒弟,足有五十多人。据说李宝珍还造了一座小方窑,专烧紫砂壶。苏州多名士,有钱的茶客也多,李宝珍的壶一度非常抢手。订单多的时候,他亦不肯做粗货,壶艺的讲究,一如他的国良师父。但凡那窑里有他的壶,便会有客户在窑口守候,他们早已付了定金。壶刚出窑,壶体还烫手,就被人取走。当时的茶壶市场讲究口碑,像李宝珍这样的壶手,客户们耳熟能详、口口相传的代表作就有"传炉壶"(那是俞国良师父的款式,李宝珍学得几乎可以乱真),还有"葵仿古""圆条壶""犀登壶"等。最抢手的"云龙壶",因其壶体上游龙与云纹栩栩如生,暗合着中国人心底深处的龙腾崇拜,广得藏家茶客青睐。

  凭着一双手、一坨泥,李宝珍把自己的小日子过得让神仙都羡慕。

可是抗战甫一爆发，紫砂市场即一落千丈。所有的龙窑都不冒烟了，壶手和窑工们纷纷改行，平时趋之若鹜的壶迷和收藏家亦作鸟兽散。李宝珍的壶做得再好，也没人光顾。日本人在出紫砂泥的黄龙山上修筑了炮楼。一日，李宝珍十八岁的大儿子突然不知去向，李宝珍急得吐血，后来南街的某保长来告诉他，你家公子被东洋兵征去修炮楼了。李宝珍一口鲜血喷出来，溅红了半堵墙。

　　有朋友来出主意，说你的壶艺远近闻名，不妨送把壶给黄龙山的日本人，这样你儿子就可以回来了。

　　一句话提醒了李宝珍。他颤颤巍巍爬起来，用一根竹节拐杖，将家中所有紫砂茶壶全部打碎，说："宁为玉碎，不为瓦全！"

　　李宝珍最后的遗嘱非常简短：从今之后，李家后人哪怕讨饭，也不要再做紫砂。

　　李宝珍死后，家人将他安葬于蜀山东麓的龙窑前。早先，李宝珍的壶，总是送到这里来烧制。这些壶里，不少是传世之作。这座龙窑，最初是成全了李宝珍，最后又收留了李宝珍，应该是他这一生最重要的知音了。当时兵荒马乱、市面萧条，连一口薄皮棺材也买不到。一副草帘子就送他上路了。他的坟，离师父俞国良的最后安息处，仅一箭之地。

十九
陈光明：圈里圈外

他以为离开了窑场，就真的离开那个紫砂圈了。

其实，一个人要真正超脱是很难的。

要说圈子，大凡有人的地方，哪里没有圈子呢？大上海的圈子更多，也更复杂。

人生的许多道理，需要时间来领悟。

线钵盂提梁壶　陈光明／制

陈光明，金陵人，自小在宜兴蜀山窑场长大。他家在南京有些背景，父亲在民国政府做个小职员，一家老小吃穿是不愁的。陈光明幼时绝顶聪明，号称过目不忘。但他不太喜欢读书，一拿起四书五经，头便发疼。父亲倒是开明，说让他玩吧，玩大了也是出息。

陈光明喜欢玩紫砂，应该感谢他少时的玩伴。蜀山脚下有一班窑工、艺人的孩子，他们喜欢爬到黄龙山上，钻入废弃的紫砂矿井里玩。陈光明开始是个小跟屁虫，但他手巧，拿起紫砂泥，随便一捏，就是一个好玩的物件。后来他当起了孩子王，是因为他口袋里总是有钱。那钱并不是他在金陵为官的父亲给的，而是他随手捏的那些小物件换来的。他善于将各种紫砂泥拼成自己需要的泥色，捏塑成乌菱、花生、荸荠、白果，几可乱真。不到十八岁，陈光明就成名了。宜兴乡间的茶馆里，陈光明的名字常常是茶客们的谈资。他仿制古壶，难得的是那壶上有一股远古气息，那壶仿佛一出窑就有几百岁的年纪。他的代表作有"印包壶""牛盖莲子提梁壶"。紫砂陶塑作品里，最有名的是"灵芝"。

平时还是喜欢玩。钓鱼、斗蟋蟀，他都是高手。那蟋蟀罐子，自己做的，用的是乾隆年间的紫砂老泥，拙古而苍秀。罐子一出世面，就有人出高价买，银元就堆在陈光明脚下。陈光明的心思在斗蟋蟀上，说不卖不卖，但有人偏偏要买，围观的人多了，就把蟋蟀罐挤坏了。陈光明很恼火，他不想玩了，转身就走。可是想买蟋蟀罐的人还在后面跟着。

旧时紫砂艺人是有圈子的。大凡圈子，跟壶艺风格又有一定的关系。做光器的，大抵看不起做花器的。通常是一个师傅，一帮徒弟众星拱月地围着。圈子与圈子之间是竞争的利益关系，往往是张三不服李陈光明制作的提梁壶，被人们唤作「光明提梁」，那是光素器紫砂作品中经典的一款，经常被后起的紫砂艺徒用来临摹。

紫泥四方竹提梁壶　陈光明／制

四。旧时在窑上,为了争一个好的窑位,可以不惜大打出手。陈光明偏偏没有具体的师父,他开始就是玩玩的,不晓得就玩出名堂来了。他是紫砂界无师自通的个案。他嘴上也不懂得客套。紫砂界的潜规则,他也不理会。别人问:光明啊,你的壶艺这么厉害,跟谁学的啊?他直愣愣地说:自己瞎玩玩的啊,我又没拜师父!别人呵呵冷笑,陈光明却听不懂。有人好心劝他,无论如何要拜一个码头,认一个师父。他说,我本来就是玩玩的,无所谓。他讨厌圈子,讨厌艺人们身上的匠气,那种斤斤计较、小肚鸡肠;那种门户陋见、鼠目寸光。有的大师傅,能做几把壶,就神气得不得了了,别人都不行,天下都是他的了。还有的艺人,三斤的鸭子,两斤半的嘴,自己技艺一般般,却整天说别人长短。陈光明非常反感。但他辈分小,又没有圈子、背景,势单力薄,说话显然不够分量,有时候别人欺负他,有气他也只能在肚里憋着。

一直到中年的时候,陈光明的机会来了,他的宝贝女儿在上海嫁了个好老公,有宽敞的房子。女婿还真是厚道人,邀他去上海长住。陈光明租了一条船,载上他半生采集的上好紫砂泥料,他终于可以离开宜兴窑场这个圈子了。

有历史资料表明,陈光明"侨寓上海"过得还不错。上海码头大,机会也多。许多古玩行老板认可他的壶艺,一些收藏家还找到他家里来,买他的壶和陶塑。他还在上海郊区搭建了一座"光明窑",想必那里是个没有飞短流长的清静之地。但陈光明常常感到很寂寞,宜兴窑场上虽然嘈杂,毕竟有一股温暖的气场,兄弟吵闹,过后毕竟还是兄弟。离开久了还是蛮想念的。他老是告诉女儿,夜里做梦,在窑场上跟谁谁谁差点打起来了,跟谁谁谁又喝酒了。他以为离开了窑场,就真的离开那个紫砂圈了。其实,一个人要真正超脱是很难的。要说圈子,大凡有人的地方,哪里没有圈子呢?大上海的圈子更多,也更复杂。人生的许多道理,需要时间来领悟。这时的陈光明,大概胡子也花白了。

宜兴紫砂界也没有忘记陈光明。人虽走,壶还在。陈光明制作的提梁壶,被人们唤作"光明提梁",那是光素器紫砂作品中经典的一款,经常被后起的紫砂艺徒用来临摹。

关于陈光明，顾景舟在他主编的《宜兴紫砂珍赏》一书里，慎重地给了他这样一个评价：

陈光明，字匡庐，小名润宝。中年之后，依其女侨寓上海。技艺较同辈精致。被同代艺人誉为二陈，即清初陈鸣远，清末陈光明。仿历史作品，技不如黄玉麟。传器朴雅古茂，格调较高。

二十
蒋彦亭：清风无奈

当年做枪手，
全为稻粱谋，
他会明明白白告诉你，
这是仿古作品，
买家明鉴且自便，
所以一点也不卑鄙。
今天的紫砂『枪手』则不然，
壶明明是假的，
他偏说是真的，
还伪造名家证书、手迹，
一副道貌岸然，
等于谋财害命，
绝对是在紫砂的金字招牌上抹黑。

东坡玩砚壶 蒋彦亭／制

蒋彦亭是蒋蓉的伯父。许多人是先知道蒋蓉，才知道她还有个引领她出道的伯父蒋彦亭。其实蒋彦亭不是没有名气，清末民初的紫砂收藏界，谁都知道蒋彦亭的名字。当时的紫砂艺人，通常走两条路。一是拜名师，然后死守着一手技艺，不问天昏地暗，吃糠咽菜地做壶，也不管卖得出卖不出。正所谓穷且弥坚，不坠青云之志。还有一条路，就是去上海，给古玩行仿古壶、做枪手。民国时期的许多著名艺人，都有在上海当仿古枪手的经历。蒋彦亭当属那些人中的翘楚。他尤擅仿作，所制传器古气盎然。二十世纪初上海的紫砂古玩界，流行着一股奢靡的复古之风。玩壶的方家都喜欢陈鸣远的传器，哪怕能得到他的一件仿品。可是，陈鸣远从来只有一个。仿陈鸣远的艺人倒是有一批，但有些人是狗尾续貂。蒋彦亭则是"陈仿"工手里最厉害的人之一。他仿陈鸣远，不存在能不能乱真的问题，而是考虑能不能延续陈壶那种悠远、散淡气息的问题。蒋蓉曾经回忆，伯父做壶的时候很快乐，壶做好了，在壶底打印章的时候，伯父的心情就像阴天一样了。壶是他做的，却必须打上别人的印章，一会儿陈鸣远，一会儿时大彬。就像自己生的孩子，却要姓别人的姓一样。当时蒋彦亭带着老婆孩子住在上海的亭子间里，每天的开销是一笔不小的数字。他只能躲在古人的背影里挣一口饭吃。一个才艺绝佳的铁血男儿，不可能不想着建立自己的功名，既然自己的真名不能用，那就用一些别号吧。什么"志臣""鸿皋""燕庭""访雪山人"，实际上就是拐着弯儿告诉别人：老子就是蒋彦亭！

像顾景舟、裴石民、王寅春这样的紫砂艺人，在上海做了一段时间仿古茶壶，先后回到了宜兴。蒋彦亭则不然，他跟"铁画轩"有着太深的关系，老板戴国宝不让他走，实际上蒋彦亭早就成了"铁画轩"的台柱子。他的朋友圈子在上海，生活的惯性让他不可能有太多的选择。客

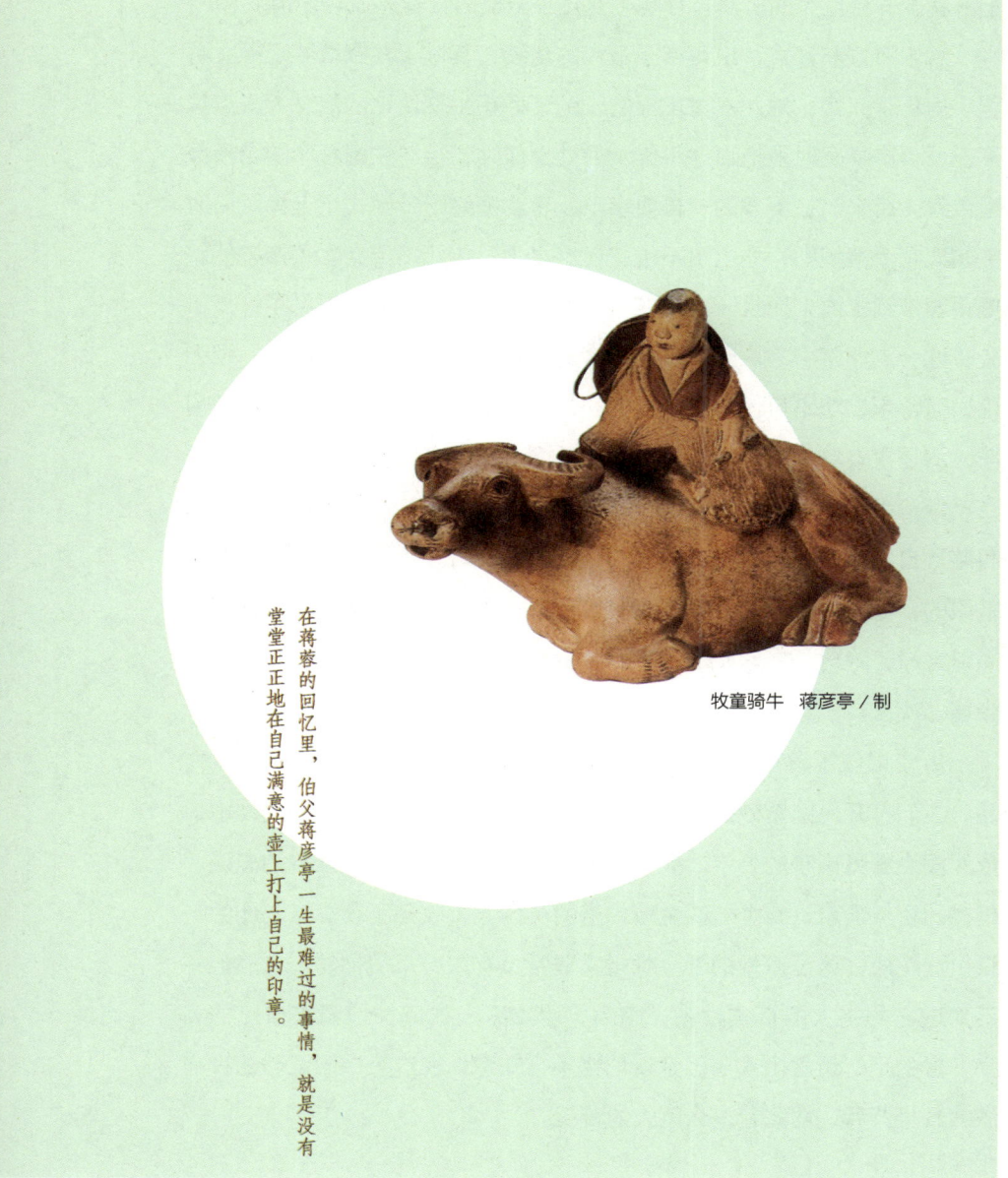

牧童骑牛　蒋彦亭／制

在蒋蓉的回忆里，伯父蒋彦亭一生最难过的事情，就是没有堂堂正正地在自己满意的壶上打上自己的印章。

观地说，一个艺人的创造力都有一个最佳的喷发期。过了创作的黄金时期，好日子就找不回来了。年复一年的仿作，极大地消解了蒋彦亭的创造能力。到最后，就连起码的自信也没有了。中年之后蒋彦亭的身体也出现了问题，人变得非常消瘦，精气神在一天天地减弱，老天爷有时就这样不讲情面。蒋彦亭自感来日无多的时候才决定回到宜兴老家去，大上海就像一台巨大的机器，吞噬了他几乎全部的青春热血与才情梦想。

后来有方家评点，说蒋彦亭最大的功绩，莫过于发掘培养了侄女蒋蓉。据蒋蓉回忆，她九岁时玩捏的一颗紫砂花生就让她的伯父大人震惊不已，蒋彦亭及时地把那件小侄女的处女作推荐给"铁画轩"的老板戴国宝看。后来，在蒋蓉的一再要求下，蒋彦亭终于带她去了上海。旧时手艺人有个潜规则，非己出不传；己出之中，传儿不传女。蒋彦亭能够把蒋蓉带到上海，而且一直住在自己拥挤的家中，实际上提供了许多机会，这一点非常不易。至于蒋蓉后来的出息，当是她自己的造化，但无论如何蒋彦亭功不可没。在蒋蓉的回忆里，伯父蒋彦亭一生最难过的事情，就是没有堂堂正正地在自己满意的壶上打上自己的印章。实际上，当年做枪手，全为稻粱谋，他会明明白白告诉你，这是仿古作品，买家明鉴且自便，所以一点也不卑鄙。今天的紫砂"枪手"则不然，壶明明是假的，他偏说是真的，还伪造名家证书、手迹，一副道貌岸然，等于谋财害命，绝对是在紫砂的金字招牌上抹黑。蒋彦亭们九泉有知，一定会痛心疾首。

历史记住了蒋彦亭，虽然他几乎没有留下打上自己印章的传世作品。人们打开民国紫砂的浩繁卷帙，在满天流星般穿梭的过往人物中，依然圈点着蒋彦亭的名字。大家记住的是他的风范、他对紫砂的忠诚。仅存的资料显示，有个名叫金斯伯格的英国人，收藏了蒋彦亭制作的一只白泥花瓶，这位可爱的老金觉得它非常具有东方审美神韵。当然他并不知道它的主人的真实姓名，因为，蒋彦亭一如既往地隐去自己的名字，署的是"访雪山人"。金斯伯格不会知道，在这个中国紫砂艺人潇洒的雅号背后，埋藏着多么巨大的苦涩。

二十一
范氏师徒：一棒神鹰

遇上天大的好事，中国人喜欢说『迥得天意』；碰到无法排解的事情，中国人又说『天意不可违』。实际上，中国人无论怎么喜怒哀乐，都会表现出对上天的莫大敬畏。

四方隐角竹顶壶　范大生／制

民国的宜兴窑场上，说到"一棒鹰"，无论男女老少，都能说出那个绰号的来历。说是有个紫砂艺人名范鼎甫，不仅善制壶，还擅长紫砂雕塑。紫砂的行当里，历来是以壶为尊。别的杂件，诸如雕、塑、盆、瓶之类，若是排队，就得往后站。大老爷们真金白银地收藏紫砂，壶当然是第一位的。所以，范鼎甫的父亲希望儿子能够正经做壶，好好挣钱。那什么雕塑，好看是好看，可卖不出好价钱啊。

可是，范鼎甫这个人在雕塑上是有天赋的。他看到一样东西，过目不忘，抓起一块紫砂泥就想把它捏出来。有人说，你想学徐友泉啊？有那个能耐吗？

徐友泉是明代紫砂大家。范鼎甫知道，这是讽刺他不知天高地厚。他不在乎。他管不住自己的手，一有空，他就偷偷捏个小猫小狗什么的，自己好玩。有一次去蜀山背后的龙窑上，劈面飞来一只鹰，那姿态雄健极了。他很着迷，手又痒，私下里雕了一只雄鹰。那鹰泥色灰黑，双翅欲展，毛羽纤细而逼真，双目圆睁，挺立于山石一侧。范鼎甫刚把坯件拿出来晾晒，就被他父亲看到了。老爷子一看，心下生火，抄起一根柴棍，朝鹰头上打去。范鼎甫慌忙上前抵挡，那柴棒还是击中了鹰的头部。没料想，那鹰吃了一棒以后，头部昂起，更显出啸傲长天的气势。当时在场的人都看呆了，有人脱口而出："一棒鹰！"有人掏出一把铜板要买，范鼎甫死活不肯。老爷子呢，嘴上还唠叨着，心里也喜欢那鹰的神气，遂扔了柴棍，拂袖而去。

这只雄鹰烧制后一直搁在范鼎甫家中。二十世纪三十年代，江南乡村经济凋敝，紫砂艺人生活贫困。其时范鼎甫已经是师父级的艺人了，他有个徒弟叫范大生，后来也是名声隆隆可与之比肩的人物。大生的一位亲戚出了十六块银元，想买走"一棒鹰"，范鼎甫其时已无少年之豪情,养活一家人,才是他最大的责任。当时的十六块银元,等于是一个中学教员的月薪,合今天的人民币六百元左右。但当时的物价非常低,大米仅五分钱一斤,猪肉一毛二分一斤,这十六块银元,让范鼎甫好不踌躇,范大生亲戚的朋友来取走"一棒鹰"的时候,他转身,难过地落泪。艺人毕竟为稻粱谋,十六块银元,可以买多少大米和猪肉!街坊邻居们还着实眼热了一番呢。

好东西总是不胫而走。"一棒鹰"果然飞黄腾达,不知什么渠道,它居然飞到一九三五年的伦敦国际艺术展览会上去了。外国人非常佩服,毫不吝啬地给了它一枚金质奖章。

消息传到宜兴窑场,"一棒鹰"名声鹊起,范鼎甫扬眉吐气自不必说。那老爷子说话了:"没有我那一柴棒,那鹰飞得起来吗?"

范鼎甫赶紧说:"爹爹说的极是。"

于是有人编了顺口溜:鼎甫塑老鹰,十年难出名;老爹一柴棒,伦敦奖黄金。

有人慕名前来订购"一棒鹰",范鼎甫摇头不允,老爹则以柴棒跺地,说:"还能有'一棒鹰'么?那是天意啊!"

遇上天大的好事,中国人喜欢说"迥得天意";碰到无法排解的事情,中国人又说"天意不可违"。实际上,中国人无论怎么喜怒哀乐,都会表现出对上天的莫大敬畏。

"一棒鹰"身上所积淀的中国传统文化元素,实在是太丰富了。

其实范鼎甫的内心是复杂的,他的壶艺非常了得,却被湮没在一个"一棒鹰"的故事里,既可惜,又不可惜。种瓜得豆,种豆得瓜,在某种意义上,说的是一个道理。

这里要特别提一下范鼎甫的高徒范大生。

值得注意的是,一些史料在写到范氏师徒的时候,表述的内容颇有歧义。徐秀棠先生的《中国紫砂》里这样写道:

> 范大生字绳武,号承甫,清末民初紫砂名师。他十九岁跟范鼎甫学艺,善制合菱壶、鱼化龙等壶。浑朴有致。其"六瓣合菱壶"乃筋纹器

造型,呈上下三组如意菱花,繁复重叠,如美玉亭立,婉转自如,其筋纹如古器之饰,为范氏传世之作。范大生的壶艺作品曾经参加一九一五年巴拿马国际赛会和一九三二年的芝加哥博览会,均获奖。

而吴山先生主编的《宜兴紫砂词典》,则对"一棒鹰"的出处,作出了别样的释义:

范鼎甫徒弟范大生,尤擅陶塑,四十多岁时创作的大型紫砂雕塑"雄鹰"于民国二十四年(公元一九三五年)参加英国"伦敦国际艺术展览会",荣获金质奖。

然后,吴山先生又补充道:

一说,紫砂雕塑'雄鹰'为范鼎甫所作,待考。

另有宋伯胤等主编的《中国艺术品收藏鉴赏全集·紫砂》一书,亦坚称"雄鹰"为范大生所作,并说该作现存于英国伦敦博物馆。

范大生的后人、高级工艺美术师范伟群认为,"一棒鹰"的确是范大生的作品。当时,范大生受聘于江苏省立第五中学,任陶艺教师长达七年,又受聘于宜兴利用陶器公司任技师,是该公司把这件作品送到了英国伦敦参加展览。你想,当时的紫砂艺人整年整月趴在作坊里做壶,谁能知道有个大不列颠国在搞展览呢?就是知道了,也没法把作品送到地球的另一边去啊!

范伟群还提供了当年利永公司老板、八十八岁的邵仲和老人的访谈资料,邵称"鹰"是范大生的作品,当时确实是利永公司送去英国展览的。在他的记忆里,那张珍贵的奖状,一直在他家保存,解放后他加入紫砂厂,献给了厂里。后来毁于"文革"时期。

至今,"鼎甫说"和"大生说"各执一词,难分伯仲。好在他们的后人都很通达,是谁的作品都无所谓。其实,范鼎甫也好,范大生也壶嘴与提把为柿树枝干,壶盖为翻卷柿叶,造型毕肖,十分传神。壶身素净而圆满,暗合了[事事圆满]之口彩。

柿子提梁壶　范鼎甫／制

罢，一支根脉，唇齿相依，只要"一捧鹰"是中国紫砂艺人的作品，是为中国人争的光就行。

值得称道的是，范氏师徒壶艺皆称精湛，光货、花器、筋纹器无所不能。他们给后人留下的作品有"合梅壶""四方阴井竹鼎壶""合菱壶"等几十件之多。

其中，范鼎甫的代表作有：

"柿子提梁壶"，壶嘴与提把为柿树枝干，遒劲而蓄力，象形拙朴；壶盖为翻卷柿叶，造型毕肖，十分传神。壶身素净而圆满，暗合了"事事圆满"之口彩。

范大生的"六方竹鼎壶""四方隐角竹顶壶"皆为紫砂史上的经典之作。尤其是后者，被紫砂后人奉为圭臬。在形体和轮廓上，它方圆寓合，线条直曲并蓄。在鲜明的对比中，运用线、面、体等平线的过渡与衔接，来获取壶体的曲张与协调。壶顶与壶钮上的竹节和竹叶的生动摹写，让整个壶体跳出了一般茶壶的窠臼，有一种凌虚的优雅之感。壶之四方体上每个棱角被消磨成椭圆角，隐现着中国人圆通善变的处世哲学。

壶身铭刻：扫雪开松径，疏泉过竹林。乃录唐句。

铭刻者陈少亭，民国紫砂陶刻名手，曾与蔡元培合作，为树桩形紫砂花盆镌刻。

范大生的父亲名叫范生大，儿子承甫、锦甫，皆从父学艺。耐人寻味的是，范家三代人在紫砂壶上均用一个"大生"印款，且沿用数十年。信息闭塞的年代，打响一个品牌极不容易，江湖上好不容易认可了"大生"，范家索性就以"大生"为旗，于是一脉相承的"大生壶"在相当长的岁月里，一直温暖着人们的闲暇时光，成为一种久远的记忆。

二十二
冯桂林：一声浩叹

冯桂林的可贵之处，
是把紫砂泥可塑性强的特点发挥得淋漓尽致，
正所谓仿得竹韵，
觅得竹魂；
将修篁美竹的君子气质演绎得惟妙惟肖。
这与中国传统文化的气脉恰巧暗合。

高梅段壶式 冯桂林／制

冯桂林只活了三十九岁。他的壶却快满一百岁了。

本来想绕过他。不写，是叹于一个早夭的艺人留下的资料太少。然而，江湖上有关冯桂林的记述虽然不多，但评价极高，大多称他为"民国时期紫砂艺人的杰出代表"。所谓江湖，既不是江，亦不是湖，而是此界彼界类聚而居的人群。按照江南旧俗，人活三十六岁，才算"全福全寿"的成人，只活了三十九岁的冯桂林能够获得如此高的口碑，当属异类。首先，他得有让壶界折服的绝技，有传世的作品；其次，为人好，厚道，而且处世周全。冯桂林显然把这两条都做到了。古人又说，有志不在年高，无志空活百岁。冯桂林应该属于少聪型的神童，这样的人绝顶聪明，对外部世界的感受比常人深，多血质，敏感，过目不忘。他老家在宜兴东部的太湖边，一个叫周铁桥的地方，风景非常秀美。冯桂林年少时就是"江苏省立陶器工厂陶工传习所"的第一批艺徒，师从程寿珍、范大生等名师。如果说起点决定终点，体现在冯桂林身上，就是他学艺的每一个环节都遇到了贵人或高人。程寿珍很喜欢冯桂林，除了他聪明，还因为他勤快，所以程寿珍愿意教他壶艺，不像一般的徒弟，在师傅身边几年，除了倒夜壶，干杂活，吃口萝卜干饭，什么本事也学不到。范大生看过他的习作，不由感叹：桂林日后必成大器。

见过冯桂林的人都说他长得清秀而标致。他身材高挑，能说会道，但决不油嘴滑舌，为人处世极有信用。这样的人，做什么事都会成功。他当艺徒时，作业每每远胜同窗，还没有满师，名声已然鹊起。当时的大窑户纷纷聘他制坯，这很不容易；按照规矩，一般的艺人总是有求于窑户，只有名师级的艺人，才能得到窑户的青睐。当时有三家实力雄厚的陶器公司，分别是汪裕泰、利永、吴德盛等，冯桂林居然同时收到了他们的聘书。其中，实力最强的汪裕泰公司，总店在上海，杭州、南京等地均有经营茶叶、茶壶的分店。汪裕泰很看重冯桂林,专请他到杭州西湖边的别墅里制壶。为了置几把茶壶,就把艺人请到自己家中,对于今天的人来说,有些匪夷所思。但旧时的人就是这样的,他们有时间、有耐心,也体现一种实力,能把自己中意的艺人工匠请到家中,根据自己的需求,让他们全心全意为自己服务,譬如裁缝,譬如木匠,譬如紫砂艺人。冯桂林在风景如画的西湖边起早贪黑地为汪裕泰制壶,所作仿古壶样,诸如"佛手壶""柿子壶""线圆壶"等,皆能俗中出新。西湖到底有什么绝佳的景色,他不知道。但他看到了汪裕泰家里有许多稀世珍宝级的古玩,还有祖宗级的老壶。冯桂林是个明白人,这时他才知道,自己还没有一件真正称得上是"作品"的东西,所谓的壶艺,还只是临摹古人而已。在汪家几年,他内心得到一种修炼,所制茶壶,一律不打自己印章,按照游戏规则,统统打上"汪记",或胡乱起个别号"卷翁"之类。

冯桂林的发力当在"以竹入壶"的系列作品上。这是一个民间艺人难能可贵的创作意识的觉醒。有了西湖边的诸多积淀,冯桂林气质里就漾出一种江南士风式的清雅。宜兴自古乃文化之邑,南部丘陵山区,峦岭多竹,满山遍野摇曳多姿。古人虽亦以竹入壶,但在神韵、元气与致用的结合方面,尚无太多经典作品。文人喜竹,常常借竹抒怀,以竹咏志。冯桂林的可贵之处,是把紫砂泥可塑性强的特点发挥得淋漓尽致,正所谓仿得竹韵,觅得竹魂;将修篁美竹的君子气质演绎得惟妙惟肖。这与中国传统文化的气脉恰巧暗合。不知不觉,冯桂林对紫砂作了一大贡献。所以,"竹壶"系列一经问世,便受到江南士大夫阶层的追捧。

"四方竹段壶具"是冯桂林竹壶系列之代表作品。一壶,四杯;壶身为方中寓圆的半截竹筒,壶把在竹段中自然出枝,左右两边竹节间分合有致,附生之细小竹枝新叶,体现着对称的和美;四方形壶盖之上,以一小竹节作为壶钮,仿佛天生;四周装饰回旋式竹叶,借鉴了苏州园林的疏朗之美,体现着江南士人的恬淡与通透。茶具配有四个小杯,每个小杯上所饰竹叶姿态迥异,或瘦或腴,或娇或媚,令人宝爱不已。

最能体现冯桂林功力的作品还有"梅段壶",那是猎猎风叽中的

合桃壶 冯桂林/制

冯桂林的风骨性情,倾力投入于壶体的每一个细节,所见刻画,皆非常细腻传神。

同道与后人之所以说他『杰出』，是因为他在紫砂象形塑器的创作上独辟蹊径，在有限的年华里，创造了一百多件风格迥异、对后人影响极大的经典作品。

大桃幢壶　冯桂林／制

铁骨虬枝，气势磅礴的大写意中，细部工笔毫发毕肖。历经风霜的枝干，如金戈横空，扭曲中尽现孤高，疤疙累累，沉疴以显峻节。枯枝新苞，骨朵欲绽。冯桂林的风骨性情，倾力投入于壶体的每一个细节，所见刻画，皆非常细腻传神。这样的佳构妙作，几可倾倒绝代壶客、古士今贤。

冯桂林的传世名作还有"福寿蟠桃壶""龙头玉环壶""五竹壶""大传炉壶"等。同道与后人之所以说他"杰出"，是因为他在紫砂象形塑器的创作上独辟蹊径，在有限的年华里，创造了一百多件风格迥异、对后人影响极大的经典作品。民国连年战乱，冯桂林心静如水，且安于清苦，以专心制壶为乐。

他不但精于壶艺，还擅作观音佛像、金钱蛤蟆等雕塑。他是不是知道自己命短寿夭，在生命的蜡烛燃尽之前，把别人一百岁还不一定做完的作品，抢先完成？

像一支熊熊燃烧的火炬，冯桂林在烧红了半边夜空后突然如流星般消逝。三十九岁，黄金一样的年龄，像芦苇，突然就被折断；像一个苍凉的手势，迅即垂落；像一声深重的浩叹，在空中划过尖锐的声线，突然杳无踪影。

翻遍史料，无从得知他何故早殁。他处世周全，应该没有冤家；他常年勤作，身体该无大碍；他倾心壶艺，从无桃色绯闻；到底是什么夺走了他年轻的生命，今天的人，没有一个能说得清楚。

二十三

汪宝根：旭斋狂壶

壶客为什么痴迷汪壶？

或许是因为，中国人向往圆满，而人生种种，残缺多多，庸常琐屑的生活里，难得有如此圆满的吉祥壶器陪伴着有限而残缺的闲暇。

汪壶非壶，乃是一种心灵寄托。

东坡提梁壶　汪宝根／制

民国战乱，国内没有什么权威的艺术奖项。军阀们忙着打仗，分割地盘；共产党还处于"地下"状态。玩紫砂壶的爷们，也就是在兵荒马乱的年月抚慰一下自己的心情，图个风雅。紫砂艺人做壶，说到底是寻口饭吃。一九三五年的美国芝加哥博览会，给了紫砂艺人一个机会。那一年，恰巧宜兴成立陶业紫砂公会，主持者决定摆一个擂台，让各路紫砂英豪的作品来一个大展示。一日，有一个生得黧黑的汉子，不声不响送来一把"东坡壶"和一件紫砂"三友瓶"。那"东坡壶"器宇轩昂，"三友瓶"则是松竹梅交相辉映，地道的中国气派。这两件作品一经展出，赢得了不少赞誉。没过多久，"东坡壶"和"三友瓶"就去了芝加哥。那壶出了大彩，获得优秀奖状；瓶也跟着风光了一把。

　　这两件作品的主人，就是汪宝根。

　　汪宝根出生在宜兴蜀山西街，这一带是窑工壶手聚居的部落，抬头见壶，低头见瓯。汪宝根十四岁即师从伯父汪春荣，他出手并不快，讲究慢工出细活，但壶艺精绝超群，当时的几家有实力的陶器公司争相聘他。汪宝根自题名号"旭斋"，并请治印名手镌印，每制一壶，即打印于壶底。他时而在"利永"做壶，时而在"吴德盛"当领班师傅，还去上海"铁画轩"当技师。如此频繁地转换地方，壶界的人说法不一。有人说汪宝根脾气倔强，三句不合，拔腿就走；有人说他性情中人，士为知己者死，认定的事，五匹马也拉不回头。

　　芝加哥获奖，让汪宝根名声大噪。求壶者一时趋之若鹜。汪宝根为人处世是个急性子，但制壶慢得出奇。一般的艺人，一周可制三把壶，汪宝根不行，他快不了，一把壶在他手里，翻来覆去地修修褪褪，一个月下来，还不能拿下。求壶者心急，有的就住在他家附近的客栈里苦等，那只怕是要拿汪壶当重礼，去派大用场的；有的玩主，好附个风雅：江湖上说，汪壶在手，至味在口。汪宝根稳得住，他不急不躁，有时甚至摆一点小噱头，你急他偏慢。且说那年，宜兴有个捕役头子，名朱岳年，闻知汪壶金贵而且难求，他倒是不买账，什么鸟壶？老子弄把玩玩。先是托人去付定金，一等半年杳无音讯，老朱大怒，差手下衙役前去蜀山窑场，将汪宝根连人带工具以及泥料、泥凳之类一起押到县城衙门。汪宝根被关进一间仓房，衙役说汪师傅，这下你可以定心制壶了吧？汪宝根全无惧色，每日吃喝之外，只管呼呼大睡。县城里那些名儒贤达听说汪师傅被拘了，那还了得！全来跟老朱要人，"拘了他，你给我们做壶啊？"有个前清老秀才，是汪壶的铁杆粉丝，扬言要和老朱拼命。老朱吃不消，三天后只好把汪宝根放回去，壶，还是未得。

旭斋狂壶！在相当的一段时间里，这个折子在江南宜兴一带的茶楼酒肆流传。其实汪宝根并不像坊间传的那样狂，说到底他只是个制壶艺人，而茶壶要靠一双手去做，一天十几个小时，那样的冷板凳，一般人根本熬不住。汪宝根经常去向程寿珍前辈请教壶艺。有一个传说是这样的：某一日，汪宝根带着自己的壶坯去程寿珍门上请教，程寿珍看了一眼，说："你做得太快了！"汪宝根一愣，别人都说我做壶太慢，一个月还不能完成一把壶，老先生怎么说我做得快？程寿珍拿出自己的一件得意之作"鱼化龙"的壶坯给汪宝根看："这把壶我做了半年了，还未收工。"汪宝根讷讷无言，拱手告退。

慢，并不等于好。但是，对于制壶工艺而言，慢节奏表明了一种精雕细刻的心境与状态。汪壶的特点在于精细而不琐屑，腴润而不臃肿；壶体的各个细部，诸如流、把、盖、肩等，弧线过渡干净利落、了无痕迹。壶客为什么痴迷汪壶？或许是因为，中国人向往圆满，而人生种种，残缺多多，庸常琐屑的生活里，难得有如此圆满的吉祥壶器陪伴着有限而残缺的闲暇。汪壶非壶，乃是一种心灵寄托。

汪宝根的代表作有"合梅壶""上圆竹段壶""六方竹鼎壶""高梅段""葵仿古"等。这些壶型制作精度非常高，直接考量着一个艺人的气质与技艺。中国的民间工艺和杂技一样，总是把自己逼到高难技艺的悬崖上，不到被别人称为绝活，决不罢手。据说，有一款汪壶的

葵仿古 汪宝根／制

中国的民间工艺和杂技一样,总是把自己逼到高难技艺的悬崖上,不到被别人称为绝活,决不罢手。

流——亦即壶嘴,出水爽利,一注如虹。其状如少女之樱桃小口,欲嘻似嗔,给壶客提供了无限的遐想。

汪宝根的风头还出在和民国政要于右任合作制壶上。于右任是大书法家,但从没在紫砂壶上挥过毫。当时宜兴有个陶刻名家兼陶器老板吴汉文,将一柄汪氏合菱壶托人送到于右任手上。于右任好生喜欢,于是记住了汪宝根的名字。日后,他在一件汪宝根的壶坯上写了"否极泰来"四个字,由吴汉文精心镌刻,让宜兴窑场轰动了一番。

可惜汪壶好景不长。抗战爆发,宜兴陶业遭遇浩劫,大家逃难都来不及,谁还用紫砂壶喝茶?汪宝根的生活日见窘迫,只好临时开了一家"柴行"。这时的汪宝根大概没什么脾气了,小本的生意,老是要跟人赔笑脸,经常跟客户躬着腰,慢慢地就有些驼背。拼尽了力,日子还是过得不咸不淡。回想前半生轰轰烈烈,恍若隔世;太多的不甘心,伴随他度过无数个不眠之夜。后来他把制壶技艺传给了儿子汪福庭,薪火总要传递,儿子是他生命的延续,万一他熬不到寒冬的尽头,儿子福庭或许可以等到一个属于紫砂的春天。

二十世纪五十年代初,刚刚从战乱中恢复元气的紫砂业开始走向复兴之路。可惜,当新生的"宜兴蜀山陶业社"成立的时候,汪宝根已经重病在身,他只活了五十二岁。在陶业社开张的鞭炮声中,汪宝根最后的微笑有些惨淡。人们在欢呼雀跃,紫砂的早春在向艺人们招手,但这些跟他已经没有关系,只有蠡河里平静的水波和欸乃的桨声在为他送行。

二十四
任淦庭：道器合璧

"大聋"还有一个好处，就是心无旁骛。
人生苦短，年华有限，做自己的事情，让别人去烦吧！

陶刻牛盖洋桶大壶　任淦庭／制

紫砂的风雅，在于名士与名工的结合。

先说名士，近代以来，科举制度退出历史舞台，传统意义上的文人士大夫阶层慢慢地分崩离析，真正意义上的文人士大夫也渐渐消失了。譬如，今天意义上的知识分子，已经没有了以往文人士大夫的知识构架和文化趣味。一个工科的博导，也许连毛笔也拿不住。所以，名士的缺失，让紫砂壶少了许多知音级别的参与者。再从"名工"的角度说，今天的紫砂艺人，在学历、眼界、交游方面比过去的老艺人占有较多优势，但在情怀、学养、心境方面，则不如前辈们优游、深厚、静穆。也就是说，紫砂壶的文人气，并不是简单的茗壶加书画。文气，是靠才情加岁月慢慢滋养的。如果要在紫砂近代历史上寻找一个既有文人气脉，又善书画、精壶器，刀笔俱佳、德艺双馨的艺人，当数任淦庭。

任淦庭出生于一八九〇年。任家是世代书香门第，但任淦庭幼年的时候，已经家道中落。他只读过三年私塾，史料称他家境困难，无钱购买笔墨纸砚，时常席地而坐，以树枝写字作画。这有点像古代传奇话本里的落难公子，但任淦庭的故事里没有红粉佳人。他十五岁时拜紫砂雕塑名手卢兰芳为师。卢兰芳在当地算个名流，不仅擅长雕塑，还有一手书画绝技。江南农村的艺人常常是这样的，一袭旧而不破的竹布长衫，尘土满面地沿着太湖地带，穿街走巷谋生，走州过府交友。任淦庭应该就是卢兰芳身边一书童，若说混口饭吃，那也容易，师父吃什么他也吃什么，但一不小心，就会落一身江湖习气而手无寸艺。

然而任淦庭是个明白人。他过目不忘且心灵手巧。跟着卢兰芳，他不仅学到了一手雕塑、陶刻本领，还能帮着师父在上海为一些剧团绘制布景。任淦庭也有毛病，他耳朵不好，虽不失聪，但听人讲话，时有障碍。有时师父关照他什么事，说一遍，听不清楚；师傅不耐烦，骂人；又说一遍。因为被骂，故记得牢。有时候别人当面议论他，以为他听不到，没想到他一留心就听到了，但任淦庭能沉住气，装聋。故谁也不知道他的秘密。这是生活赐予任淦庭的意外收获。慈禧太后有句名言：不知是福。别人背后骂你，你没听到，这是你的福气呢！后来任淦庭干脆自诩"大聋"，遇到他不愿回答的问题或不想表态的事，他就装作没听到，等于给自己穿了一件防弹背心。"大聋"还有一个好处，就是心无旁骛。人生苦短，年华有限，做自己的事情，让别人去烦吧！

任淦庭的机智造就了他人生的转折。看准一个机会，他转投到宜兴吴德盛陶器行老板吴汉文的门下，从这时开始，他的陶刻、雕塑生涯才有了发端。

但问题又来了，任淦庭是左撇子，写字作画皆用左手，吴汉文要求他改用右手。常人要改变自己多年养成的习惯非常难，但任淦庭一口答应。没过几个月，他竟学会了用左右手同时书画雕刻的本领。特别是在同一器具上刻画成双成对的飞禽走兽时，他可以左右开弓、对称作画雕刻，而且布局别致、形象生动、栩栩如生。可以说是开创了陶艺一绝。

任淦庭外相羸弱，性格内向，内心则世事洞明，深谙民间百姓祈福迎祥的心态。他通常选择中国民间吉祥图案为题材，四时八节，无所不精。他完成的每一件作品，都蕴含吉兆，让人喜欢。譬如，"喜上眉梢""百鸟争春""和合如意""麒麟祥瑞"等。买家掏了钱，把心愿也买回去了。这一点任淦庭看得很准。同时，他擅于把内心对生活的真切感受，描绘、刻写在各种紫砂茶具、花盆等陶坯上，于是那些器物得了他的心声，便有了神韵。

跟一般江湖艺人不同的是，任淦庭的书艺独有师承。他的出处是清代末年宜兴书画家、金石家陈懋生、陈研卿等。他特别注重写意笔墨的线描变化，讲究各体书法、文学诗词，辞章与短句，使陶刻装饰与紫砂的艺术风格和谐而又协调。他雕刻的书法，刀锋灵秀而遒劲苍朴，真草隶篆、各具风格，尤以大篆和古隶见长。图画随意刻绘，自成章法。

任淦庭的时代，没有一手绝活是难以立身的。有人曾经这样来试验他特别注重写意笔墨的线描变化，使陶刻装饰与紫砂的艺术风格和谐而又协调。

云龙瓶 任淦庭/制

他的陶刻书画功力，把一对花瓶放在他面前，让他同时作画装饰。他双手举笔，运足一口气，说时迟，那时快，他左右下刀，同时对称作画，布局匀称舒坦，分毫不差。

他在紫砂壶上的代表作品"牛盖洋桶"，铭文为：色到浓时方近苦，味从回处有余甘。现存的各种介绍任淦庭的资料，都会选用这件作品。"牛盖洋桶壶"，是近代紫砂传统式样。旧时洋铁桶刚从国外进口，国人非常稀罕，紫砂艺人乃取其形状为壶，是当时的一种时尚，同时该壶工艺要求非常高，非高手而不能为。

任淦庭的得意弟子徐秀棠回忆说，师父一生清贫，但从来向往光明，无论生活多么艰难，在他的作品里，你总会感到，生活是美好的。"婆媳上冬学""解放一江山岛"即是他追随时代的作品。

解放后，任淦庭非常拥护新社会，这并不是他趋炎附势，而是共产党看重他，给他面子。他和顾景舟等七人被省政府评为"技术辅导""老艺人"，他的作品被送到苏联、捷克和斯洛伐克等国家展出，不断有博物馆来收藏他的作品。任淦庭的日子过得不错，就像登山，抵达相当的高峰后，猛然发现，看到的都是风景了。各种荣誉像雪片一样飞来，其中他最看重的，是"中国美术家协会会员"的头衔，在他看来这是国家正宗的艺术家机构，在江苏，只有像傅抱石、钱松嵒、亚明这样的大画家才能加入其间。也许是紫砂在民间呆得太久了，加入了"美协"的任淦庭非常感慨。他觉得新社会真好，紫砂的地位确实提高了。

日常生活中他已经不需要装聋，绝对没有人敢怀疑他的权威。他随便说一句什么话，都会被极度重视。他反而不太习惯，他一生是个出世的人，从来与名利无缘；荣誉多了，也有烦恼，劳心劳神。但他又不敢推辞，因为这是新社会给他的恩赐。

任淦庭这一生最大的功绩，是培养了一大批有出息的徒弟。在一张长长的徒弟名单上，赫然排列着徐秀棠、谭泉海、毛国强、沈汉生、咸仲英等大师、名人的名字。何以称大师？至少，一、有传世的作品；二、有开宗立派的理论；三、培养了众多成大器的人才，四、作品与理论对后世有较大影响。任淦庭逝世于一九六八年，他没有赶上评大师的年代，但他确实培育了众多的大师。如果他知道，今天"大师"这一名词已在人们嘴边泛滥，而真正的大师却寥若晨星的时候，他老人家还能装聋吗？

二十五

裴石民：风雅颂

别人问裴先生,
做壶有什么诀窍,
怎样才叫绝活?
他说得漫不经心：
工艺工艺,
工在先,
艺在后;
心先到,
手方能到。
一件东西,
你能做出别人没有留意的特点,
那就是所谓的绝活了。

五福蟠桃壶 裴石民／制

"裴先生到！"

说的是蜀山脚下一家老茶馆，茶客皆乡亲；谁来了，谁走了，谁走了又来了，没有人在意。但是，裴先生来了，堂倌是要吆喝一声的。他这么一吆喝，许多茶客就站起来了。这是多大的礼数啊。是谁呢，这么牛！

是裴石民先生。大家都这么尊称他。紫砂艺人里，从古到今，被人们称为先生的，除了任淦庭，就是裴石民了。

早年，他是紫砂艺人中第一个去上海做仿古壶的。当时，上海有个魔术大师莫悟奇，是个铁杆壶迷，专门把裴先生接到家里制壶。裴先生并不喜欢莫悟奇的魔术，但莫先生非常宝贝他的壶，单是运壶坯，从不敢用车拉，怕摔坏了，专门雇了小木船送坯。裴石民月薪六十大洋。他是个性情中人，一感动，把做好的壶坯打上莫悟奇的印章，让莫先生乐一乐。江湖上的人却只认裴石民，一看到"悟奇制壶"的印章，大家就笑，说这个出把戏的莫悟奇，又在捣浆糊！

裴石民喜欢上海，一呆就是近二十年。他给几家古玩店仿制古壶，见过的世面，用上海话讲，多得一塌糊涂。他喜欢看梅兰芳的戏，据说，一张戏票十个大洋呢。当时的十个大洋是什么概念？可以买两间砖房，可以买许多头牛。有人替他着急，乖乖，裴先生看一场戏，十几头牛逃走了，若是折换成鸡腿，足以啃大半年呢。裴先生哈哈大笑，喜欢，有什么办法？就算你能挣一百大洋，你能舍得看梅兰芳的戏么？这叫气度，没有气度的艺人，就是匠人一个。

二十世纪五十年代，文盲很多，裴石民却长年订着一份上海的《新民晚报》。他看报时别人不能打扰的，有人拿他的报纸包油条，他气得苦笑，说：焚琴煮鹤！

别人问裴先生，做壶有什么诀窍，怎样才叫绝活？他说得漫不经心：工艺工艺，工在先，艺在后；心先到，手方能到。一件东西，你能做出别人没有留意的特点，那就是所谓的绝活了。

裴先生早年出过大风头。其一，是给民国老人储南强收藏的"供春壶"配盖。那壶乃稀罕宝物，缺了壶盖而沦落风尘，被储南强从苏州地摊上觅得。黄玉麟曾为其配盖。著名金石家潘稚亮撰文记述：

作壶者供春，黄玉麟误为瓜，五百年后黄宾虹识为瘿，英人以两万金易之而未能，重为制盖者石民，题记者稚君。

稚君即潘稚亮，宜兴人，民国金石圣手。他把这段文字刻在裴石民配制的壶盖上，有画龙点睛之妙。此壶现今在中国历史博物馆里，占着一个绝代风华的位置。

裴先生还给圣思桃杯配托。圣思何人？乃是谜一般的半仙道人。他留下一桃形杯，紫砂界的人，将其看做"维纳斯"一样神秘的圭臬之作。古往今来，谁敢给此杯配托？潘稚亮用他的刀笔小楷，在杯托上留下十二行文字：

圣思，相传为修道人，姓项，能制桃杯，大于常器。花叶干实无一不妙。见者不能释手。廿年前，简翁得此于燕市，归而宝之。杯底小损微跛。名手裴石民，时方以第二陈鸣远名于世，善为前人修旧……今岁复以鄙请，为此杯加一外托……

裴先生的绝技在于，他把杯托的托盘做成古树之树瘤状，痈节苍劲，简直地老天荒，树皮的纹理逼真而气韵生动。杯托与桃杯，无论色彩对比，动静对比，韵律对比，内涵对比，皆体现了东方美学的追求。

裴先生喜欢小动物，养过猫、金鱼、松鼠、鹭鸶、猫头鹰等。一到秋天，他就无心做壶了，斗蟋蟀，用月饼换别人的好虫。春夏之交，兰花上市。有一次，为了与别人争买一盆极品兰花，相争之下，把花给裴先生的绝技在于，他把杯托的托盘做成古树之树瘤状，瘠节苍劲，简直地老天荒。

圣思陶杯 裴石民/制

此壶以一截苍松为壶身造型，树皮斑驳、历经沧桑；一壶四杯全部用松段装饰，遒劲古雅、浑然一体。

松段壶 裴石民/制

折断了。结果他花了一半钱,只买到一枝折断的兰花,插在一个紫砂瓶里,左看右看,觉得并不亏,蛮风雅的。"文革"期间,他居然还敢养鸟,那鸟金黄毛色,嗓音拖声很长,有点像当年上海法租界里的金发女郎。他给鸟起了一个雅号:"法国芙蓉。"红卫兵质问他,他悠然回答:这鸟是法国巴黎郊区的的贫下中农,你们敢禁?一句话喝退那帮毛头小伙。他性情活跃,从不拘泥,随手做下的紫砂小品,如春蚕、松鼠、田螺、螃蟹等,无不惟妙惟肖。他摹仿陈鸣远的花器作品几可乱真,有"鸣远第二"之美誉。同时,他具备驾驭各种形款紫砂器件的能力,除茶壶以外,文房雅玩、杯盘炉鼎、花盆假山等,简直无所不能。

裴石民喜欢玩,但并未耽误制壶。在别人眼里,他随便那么一捏,就是一把好壶。看似轻巧,内里则如有千钧辎重。他名作等身,所制壶款不断变化、标新立异。二十世纪五十年代,他是七大老艺人之一。"老艺人"在当时的年代,已是相当高的称号了。裴石民无所谓,反正大家叫他裴先生。

一九五三年九月,裴石民的"松段壶"在华东民间美术品观摩会上获得优秀奖。此壶以一截苍松为壶身造型,树皮斑驳、历经沧桑;一壶四杯全部用松段装饰,遒劲古雅、浑然一体。他的另一件代表作品"五福蟠桃壶"的壶体椭圆如桃形,光洁可人,色泽温润柔和,就像一只丰满诱人的蜜桃。壶盖上盘屈桃枝、缀以桃实。壶身的桃叶间缀有五桃,旁边有蝙蝠飞翔,体现了中国民间审美的意趣。他的"高吉壶""牛盖壶""素裙壶"等,都显示了裴石民对大自然的观察细致和写实造型能力。

"鱼罩壶",也是他早年的一件得意之作。

寒江独钓,也许是裴石民喜欢的意境吧。壶盖,大于壶口,像一个蓑笠翁,那是大写意。那钓翁,也许就是裴先生自己。早年,裴先生想必读了好多书。东篱之下,南山之前,采菊徜徉,真意悠然,那才是裴石民理想的生活。壶嘴,自然是钓竿了,那是姜太公的钓竿。收获的,何止是鱼?是烟霞风帆,水云沙鸟,雨霁雪月。

壶把,似弓背。那是虔诚之背。无鱼而有乐,足矣!裴石民把壶取名"鱼罩"，似有些漫不经心。江南的渔船，船尾都有一个鱼罩，那是装鱼的器物。但裴石民的心思，并不在鱼罩上。牧童牛背，暮云春树；龙在海中游，鹤在云中驻。这些，才是裴石民向往的境界。

　　清水泥是裴石民喜欢的一种纯度较高的紫砂泥。浅栗色，烧成后养壶一周，即温润凝重，呈玉色气。

　　"鱼罩壶"表现的，是一种旷达而萧疏的意境。裴石民善于造境，写境，那是他的心境使然。士林高风，壶界懿范，裴石民当之无愧！

　　许多年后，裴石民的后人给他出了一本厚厚的《石民冶陶》。那本书真好，不但记录了裴石民一生的作品，还有好多珍贵的老照片。裴石民在所有的照片上均优雅洒脱，一派名士风度。据说，他的浪漫才情一直保留到临终前，他用最后的力气垒了一座紫砂假山，也许那是他梦中的蓬莱仙境，也是他来世安居的地方。

二十六
吴云根：云深何处

这一根线条，
如壶之魂魄，
若妙曼精灵，
乃九命一悬。
它不可虚浮，
亦不可僵滞，
它是虚之实、
实之虚，
是隐逸的游走，
是诗思的微吟，
是幽深的佳境，
是静穆的天籁。

四方提梁壶　吴云根／制

在二十世纪五十年代的七个老艺人中，吴云根是个身材魁梧、力大无比的汉子。据说他一顿能吃六七个鸡蛋，外加三大碗米饭。他平时喜欢练习甩石锁、举石担，练就了一身武功。有了些功夫的人，拳脚总痒痒，路见不平之事，吴云根当然要拔拳相助。年轻时，应该少不了英雄救美的故事。艺徒们常常凑了钱买酒，想听听他当年的罗曼史。吴云根终于开讲了，说了半天，竟又是赵子龙百万军中救阿斗。徒弟们一个个泄了气。吴师傅如此不解风月！

在紫砂业萧条的那些年月，吴云根的身影经常出没在搬运的脚夫队伍里。一个男子汉，若不能养家糊口，乃一大羞辱也！年轻时，他还和朋友远赴山西平定县的一家陶器厂传授陶艺。某日，阎锡山得到下属送来的一把紫砂壶。那壶仿佛千年老僧，吐纳着绵绵古意。又一日，阎锡山召见他，称赞他的壶，还请他吃了一顿饭。这些事情吴云根从未炫耀，但许多年后，竟成为他的罪状。后来，他又受聘于南京中央大学陶瓷科，在那里结识了紫砂职业教育家、设计家王世杰，并参与创办了"省立宜兴陶瓷职业学校"，那等于是紫砂人的黄埔军校了。吴云根的一生中，唯有这段时间是穿长衫、吃粉笔灰的。他一直觉得可惜，穿长衫时拍的照片，由于战乱，都丢失了。

六百年紫砂一直在民间徜徉，从来没有自己的理论。吴云根在中央大学时，写下多篇紫砂讲义，阐述制壶体会。那时的人，不大在乎功名，否则吴云根的讲义完全可以编成一部书，但他从来不提。那些珍贵的文字，白云苍狗，早已湮没在岁月的深处了。

吴云根生性耿直，脾气倔强；见到不平之事，总是仗义执言，主持公道。另一方面，他又心地善良，仁慈待人。一次，紫砂厂安排他去无锡鼋头渚疗养。鼋头渚在远郊，他在无锡车站下车后，雇了一辆黄包车前往。他刚上车就要求下来，因为心软，见不得车夫那么气咻咻地在前面死跑。最后，他只把一只随身带的小箱子放在车上，自己跟在黄包车后面，一边小跑还一边推车，与车夫拉扯家常。车费两元钱，他硬塞给车夫五元，此事一时成为美谈。

吴云根的制壶风格温厚稳重、光润内蕴。他擅长光器和筋囊器创作，尤其是以竹入壶，自成一家，独具风貌。古往今来，竹子多被文人墨客作为书画题材。吴云根的竹形紫砂壶既不失紫砂肌理，又撷取了竹子的风骨和气节，清奇俊朗、灵动韶秀而无雕琢之气。他的"紫大竹提梁壶"，泥色近如成竹，壶身饱满挺拔，以竹节制成壶嘴，并缀一小竹枝于壶体，疏密有致；竹叶如风吹拂，以曲折的带叶的小竹根作为壶盖的纽，以细竹枝弯成方中见圆的提梁，竹节的纹理、竹芽的点缀都显示出细腻逼真的效果。

他的另一件作品"线圆壶"，乃中年时的力作，尤见他对方圆之道的领悟。壶为铁青泥色，朴雅从容。壶腹扁圆而不坠，有金石彝鼎气度。短弯流，克盖如鼓，丰而不腴；宽弧壶钮，大环壶把，是大唐之美，尽显雍容之态。一根如意凸线梗贯穿全壶，宽窄适度，如行云流水、一气呵成。吴云根曾对徒弟说，这一根线条，如壶之魂魄。以笔者之见，此线若妙曼精灵，乃九命一悬，它不可虚浮，亦不可僵滞，它是虚之实、实之虚，是隐逸的游走，是诗思的微吟，是幽深的佳境，是静穆的天籁。中国古代儒道讲究融通浑一，"线圆壶"从器型到神韵，无不体现此道。

吴云根在"文革"中饱受摧残。对于当时的造反派来说，吴云根绝对是条可疑的大鱼。你想，一个紫砂艺人，竟然跟阎锡山吃过饭，还在国民党的中央大学里任技师，太反动了吧？后来他们还了解到，吴云根年轻时，居然还当过几天伪保长。这在当时，是很严重的"历史污点"。如此上挂下联，吴云根简直十恶不赦。许多事情，吴云根自己和造反派说不清楚。许多人变得不敢接近他，以致他产生一种错觉，自己在这个世界上，是个多余人了。当时他身体也变得极差，由于年经时患有腿疾，一根钢筋经常在他的腿部作怪，有时候疼起来简直要命。这样

线圆壶 吴云根／制

一根如意凸线梗贯穿全壶，宽窄适度，如行云流水、一气呵成。

活着,莫如去死。他这样倔强的性格,可杀不可辱,只能在极度苦闷、痛苦中寻求解脱,最后死于非命。他是唯一没有寿终正寝的壶艺高人。

附记:

本篇完成后不久,应邀参加宜兴紫砂工艺厂《吴云根紫砂作品》一书首发式。场面宏大而隆重热烈,书亦出得大气漂亮,遗憾的是文字偏少,尤其是记述云根老人历史的文字几近寥寥。中国人习惯于对"死"的回避,让许多有话要说的人们总是闭上他们原本应该述说的尊口。于是这本厚而不重的大书,只是一堆珍贵的资料。

二十七
王寅春：仁者归来

那种波澜不惊的柔板风格，贯穿了器型的每一个细节。平宽底，鼓腹，圆盖，曲弯流，嘴口朝天；壶钮如帽缨双环相串，谐趣盎然。

从头到底，自有一份恬淡从容。

仁者走遍天下，洗尽铅华；沧海白云，心间流过。

甲已卸，剑无刃，胡笳寂寂而丹心无眠。

该壶何以不是王寅春自己一生的写照呢？

裙花提梁壶　王寅春／制

王寅春常说，当年若是遇不到潘稚亮，也许就不会有后来的造化。中国人非常看重造化一说，一切因果，皆从造化中来。王寅春以为，他一生的起点，就从那造化开始。

说一则老故事。

七十多年前，宜兴蜀山西街，一家不起眼的小茶馆里，一位名叫王寅春的紫砂艺人，遇到了一位贵人——著名金石书画家潘稚亮。潘公精通书法篆刻，在金石书画界素有"切玉圣手"之美称。这次一见如故的会面，对王寅春以后成为壶艺大家的影响十分重大。潘先生很欣赏王寅春的壶艺，告诫他要走自己的路，决不要拘泥于古人；要从一个只会摹仿前辈作品的工匠，转化为有自己风格的艺人，首先要敢于在茶壶上署自己的名字。潘公还给他刻了一方"王寅春"的印章。

那次谈话，对于王寅春来说，简直是醍醐灌顶。那一方印章，一直在王寅春心头占着一个重要位置。这枚弥足珍贵的印章也伴随着他，直到走完自己的艺术人生之路。

王寅春的长子、江苏省工艺美术名人王石耕清晰地记得，一九三四年，一位日本客商，向当时的吴德盛陶器公司订了三百只紫砂花盆，时间限定两个月。吴德盛一看时间上来不及，就把这批花盆推给了他父亲。这在当时，是一笔很大的生意。但时间这么紧，谁也不敢接。王寅春胆子大，把单子接下了，他苦思冥想，设计出了一种紫砂挡坯模型，这样，效率提高了一倍，终于提前完成了这批花盆的制作，由此开创了紫砂陶生产使用模具的先河。日本人很惊讶，几次来打听模具是如何制作的。王寅春一听日本人来了，赶紧把模具拆了，锁上门，去了乡下亲戚家。后来，人们把它看做是紫砂工艺史上的重大革新之一。

王寅春少时学艺，颇为艰难。他父亲王金宝，将他托与上袁村紫砂名手赵松亭门下学艺。但赵松亭不知什么缘故，转身就把王寅春交给作坊里的一位艺人金阿寿。那金阿寿技艺实在不敢恭维，只会做些"行货"（日用品），且性情暴躁，经常无故找茬，叱骂寅春。这样很快三年过去了，王寅春学到的壶艺少得可怜。赵松亭看了王寅春的壶，觉得太差，根本就不是做壶的料。于是某一日吃饭的时候，他客气地给王寅春揿了一个"黄雀包"。王寅春一看，饭也吃不下了。江南旧俗，辞退伙计一般不便直说，老板总是在吃饭的时候，给要辞退的伙计揿一块用豆腐皮卷成铺盖样的肉卷"黄雀包"，意思就是卷铺盖走人吧。

但是，王寅春最终没有走，倒不是其父为他说情，而是他通过了赵松亭临时布置的考试，或者说，在最后的关头，赵松亭发现了他的潜质。

是春笋总要发芽，就是石板也压不住。从此赵松亭处处留意他，指点他，还为他刻了一方印章"阳羡惜阴室王"。惜阴，珍惜光阴也。逆境中的王寅春一直把这方印系在腰间。到一九二〇的时候，王寅春已经脱颖而出，以一款"朱泥水平壶"闻名。那壶泥色红润，胎薄而轻巧，放入水中，似轻舟缓行，极为平稳。壶客趋之若鹜，上海的铁画轩也来请他制壶，后来干脆把他接到上海。这样王寅春的命运又有了转折。

王寅春在上海除了仿古壶，时有新作问世。其中有一款"倒把西施壶"，至今仍是紫砂界公认的经典之作。那壶似圆腴丰盈的少女乳形，饱满而富于张力，流溢着一种蓄势待发的气韵。后来王寅春跟窑场上的工友聊天吹牛时，无意间谈到"倒把西施"借鉴女性乳房特点，表现一种丰腴之美，并说起外国女性与中国女性体型之区别。窑工们起哄，说他当年在上海肯定开过洋荤。王寅春认真地说，一讲到女人你们就乱想，没出息！我们这些民间艺人，从未上过素描课，见的世面太少，做来做去就那几个壶样，怎么去创新啊？

可惜王寅春不识字，无法接受更深刻的美学理论。但他在上海的数年间，见多识广，历经磨练，基本具备了一个壶艺大家所必需的条件。

王寅春无论紫砂光器、方器或筋囊器，堪称样样精通。特别是筋囊器创作，有开山人之称。其技艺达到了后人难以企及的高度。他的

半菊壶 王寅春／制

「半菊壶」是壶界公认的筋囊器经典作品,通体洋溢着韵律的美感。

"半菊壶"是壶界公认的筋囊器经典作品，通体洋溢着韵律的美感。壶身那一瓣瓣镶砌的长条形块面，气韵饱满生动，是筋囊器中的扛鼎之作。"汉均壶""裙花提梁壶""梅花周盘壶"等作品，既有苍劲刚遒、挥洒自如的风韵，又有融庄重与飘逸共美的特点。壮年时期，他的新作很多，有的来不及起名，便以"寅春壶"问世。收藏家们有点像守株待兔，住在他家附近的客栈里，只要他的新作品一出来，大家就趋之若鹜。

"串顶壶"是王寅春晚年的一件力作。整个器型就像一个端坐的仁者，低眉，静目，怀想那风云际会，万籁俱寂。可以想象，王寅春制作该壶时的心态，应该是平和静穆的。那种波澜不惊的柔板风格，贯穿了器型的每一个细节。平宽底，鼓腹，圆盖，曲弯流，嘴口朝天；壶钮如帽缨双环相串，谐趣盎然。从头到底，自有一份恬淡从容。仁者走遍天下，洗尽铅华；沧海白云，心间流过。甲已卸，剑无刃，胡笳寂寂而丹心无眠。该壶何以不是王寅春自己一生的写照呢？少年自上袁村出道，淞沪仿古，一举成名；壮年入紫砂厂，为七大艺人之一；课徒，言传身教；创作，穷经皓首。心伴窑火，千度成陶；作品等身，蠡河作证。绚烂固美，平淡则大美无痕。

这便是"串顶壶"，锋芒退尽，素朴内敛。仁者归来，入定即是百年。世间炎凉，一切随缘吧！

二十八

朱可心：枯木逢春

朱可心发现自己越来越读不懂这个变化太快的世界了。

他内心也许很忧郁，很担心，

生怕哪个小人辱没了他的一世英名。

终于有一天，

他作出一个让所有人吃惊的决定：

销毁自己的所有印章，

决不让那些造假壶的人玷污自己的清白。

报春壶 朱可心／制

一九七二年,"文革"已经进退维谷,紫砂行情仍在低迷中徘徊。暮秋的时候,有消息自北京来,在周恩来总理回赠日本首相田中角荣的国礼中,选中了一件别致的礼品:"可心梨式紫砂壶"。它的作者,就是紫砂巨匠朱可心。

这一年,朱可心已经六十八岁。人们纷纷前来祝贺他,他只是平淡一笑。历经了太多的风云变幻,他早已做到了宠辱不惊。

朱可心擅长紫砂花器。他家道贫寒,成名却很早。一九三二年,他制作的紫砂"云龙鼎"和"竹节鼎"参加百年一度的美国芝加哥博览会,获得了特级优奖。那时的艺人突然获得一个国际大奖,就像用小鱼竿从河里拉上来一条大鱼,一时不知如何是好。朱可心一直以为搞错了,后来得到奖状,才如梦初醒。

"竹节鼎"乃是焚香之器具。鼎身取一节竹段样,清晰而有致;四周浮雕竹叶,三只鼎脚仿两根细竹盘曲而成。鼎盖用镂空竹叶制作,三根竹节分衬其中,一枚古钱饰于中心,鼎的背面居中镌刻着"万年宝鼎"四个李斯小篆。此鼎清韵流溢,高古而典雅。若燃香一炷,袅袅清气,梵音悠远。在送往美国参展前,此鼎曾在上海蓬莱市场预展,时逢宋庆龄女士来观摩,见到竹节鼎,如逢故友,当即以五百英镑预订。此鼎获奖后,宋庆龄更是高兴,在她看来,获奖的不仅是朱可心,还有她的眼光。

"云龙鼎"的构造一样可圈可点。龙行江湖,风云际会,这些中华民间的吉祥文化符号,在朱可心的精心设计下,变成壮丽非凡的画卷,在一只紫砂陶鼎上演绎着传奇:层层波浪烘托着一轮红日,苍龙则在水面欢腾跳跃,天际祥云缭绕、五彩缤纷。温暖的大俗大美,有一种特别的魅力。民间艺人的想象力与表现力,常常让学院派的先生们感慨不已。

朱可心身上有一种与生俱来的文人书卷气。其实他学历甚低，十四岁的少年出门学艺，充其量高小毕业。他们那一代人最可贵的品质就是执著、认真，所谓滴水穿石，讲的是一种绝非急功近利的修炼境界。少时，以编织草席为生的父亲请风水先生给他取名凯长。旧时江南乡间，这个名字比什么寿根、金宝之类文雅多了。但他发蒙之后自己改名可心，乃取"虚心者，可师也"，"山中一杯水，可清天地心"之意。

解放后朱可心一直在感恩。他自比枯木逢春，真心诚意地为新生的政权歌唱，新社会确实给了他从未有过的尊严。他创作"云龙壶"，就是为了表达自己"鲤鱼跳龙门"的心情；他还特意创作了一把"万寿壶"，献给毛泽东诞辰；之后创作的"报春壶"，则与毛泽东的咏梅诗有"唱和"之寓意；他还把毛泽东的诗刻在壶上，反复地表达着一个草根艺人的虔敬心迹。"彩蝶壶"的造型与线条非常浪漫抒情，从壶型看，取花香蝶至之意，花蕾结于盖顶，蝶扑于花蕾之上为盖钮，以简托繁，有壶静蝶动摇藤卷叶之势。实际上它折射出了朱可心的"心随蝶儿上九天"的喜悦心情。

平心而论，二十世纪五十年代，人与人的关系比较简单，紫砂艺人都在厂里拿不高的工资，所做之壶全部归公。紫砂界就像一个金字塔，大家的才情和手艺都在那里摆着，你知我知；那时紫砂壶几乎没有民间交易，也没有今天这么多的拍卖会、博览会；没有今天这样名目繁多的职称与奖项；没有人因紫砂而发财，所以也没有代工、枪手、壶贩一族。不用功的紫砂艺人很快会被淘汰，因此谁也不肯落后。七个颠沛流离的老艺人聚到了一起，漂泊了半生的心终于定下来，他们一边创作一边课徒，日子过得非常踏实。为什么今天的人们一说起那个干净的时代，就会肃然起敬？实在值得深思。

朱可心一生最重要的壶艺作品当是"报春壶"。到二十世纪七十年代，朱可心虽然经历了诸多政治运动，但因为他人品好，政治上进步，又是党员，所以并未受到太大冲击。他经常外出开会，时而北京，时而南京，用他自己的话说，规格一直偏高。基本上他已成为紫砂界的一块

「彩蝶壶」的造型与线条非常浪漫抒情，实际上它折射出了朱可心的「心随蝶儿上九天」的喜悦心情。

彩蝶壶　朱可心／制

金字招牌。朱可心有时非常惶惑,太多的荣誉让他承受不起。那时的会议政治术语多,这个会那个会,脑子里经常乱成一团,他怕说错话,给紫砂艺人丢脸,对组织也没有交代,说到底艺人的本分还是要做壶。创作"报春壶"时,他已年近七十岁,但他一点也不服老。此壶以小型竹节的心形为壶体,有一种脱俗的端秀之美。为了表现梅枝的挺秀与拔萃、梅蕊的娇柔与灵韵,朱可心运用浮雕和点浆等装饰技艺,一一点化,仿佛精灵。遒劲梅枝,或蕊或花;正、背、偏、侧,或含蓄、或怒放,或温婉,或傲然,神态各异,以我们今天的眼光看,朱可心在"报春壶"上几乎释放了全部的生命激情,倾注的是杜鹃啼血般的心力,每一个细节都堪称是朱可心内心世界的写照。

  课徒授艺,在朱可心的紫砂生涯里,是非常重要的章节。大量资料表明,无论顾景舟还是朱可心,老派的紫砂艺人待徒弟总是视如己出,是春蚕吐丝一样的境界。朱可心的一生,根深叶茂,弟子遍布,可以编成一个强大的团队,包括蒋蓉在内的许多大师级人物,都得到过他的耳提面命。那时一个徒弟可以拜多位师父,当师父的不会计较,只要你学到真本事。带出一个好徒弟,真比自己做出一把好壶要高兴得多,朱可心恨不得把自己的心都掏给徒弟。他当然不会知道,当他百岁诞辰的时候,众多的徒弟饮水思源,感怀恩师,合力出版了一部回忆他的文集。翻开这部厚厚的大书,会让人感受到一种磅礴的气浪,所有的人都在感恩,都在怀念那永不返回的岁月。怀旧是一件多么美好的事情,它让人照见自己,它洗涤人心灵的尘埃。朱可心不但教会了徒弟们做壶,还教他们如何做人。人永远在先,壶永远在后。这是朱可心的原则。

  谁言寸草心,报得三春晖?朱可心泉台有知,当含笑欣慰矣!

  在徒弟们回忆里,朱可心的晚年有些落寞。二十世纪八十年代,紫砂开始走红,泥沙亦开始泛滥,造假壶的人在他眼前晃来晃去,他看不惯。每天坐在门口晒太阳,车水马龙,熙熙攘攘,朱可心发现自己越来越读不懂这个变化太快的世界了。他内心也许很忧郁,很担心,生怕哪个小人辱没了他的一世英名。终于有一天,他作出一个让所有人吃惊的决定：销毁自己的所有印章，决不让那些造假壶的人玷污自己的清白。

这是朱可心的绝唱，可以和他的任何一件传世之作媲美。

二十九
顾景舟：高山仰止

狷介孤傲、严谨精确、细微极致……这些都可以列入顾景舟的『侧影』，但要完整地归纳顾景舟是有难度的，像他的壶，有时一个转身，又是另一番情怀与景致。

提壁壶 顾景舟／制

顾景舟代表着一个紫砂时代。

在紫砂茶壶上，他的名字是庄严的经典，是不可估价的财富；在紫砂典籍里，他的作品承接着远古、传递给未来，关于他的故事，就像蠡河的水那样源远流长。

有一篇文章这样写道：他一生是个手不释卷、有着古典风范的文人，更准确地说，他是个有着浓重文人气息的紫砂艺人，或者是紫砂艺人中的文化人。

关于顾景舟，权威资料的表述通常是这样的：

顾景舟，原名景洲，早年曾用艺名曼唏、武陵逸人、荆南山樵、瘦萍，晚年爱用壶叟、老萍。少年就读于蜀山东坡书院。十八岁时，遂承祖业，随祖母邵氏习陶从艺，并博览古今紫砂制陶名著，吸取前人精华，练就一手扎实的制壶技艺，跻身于壶艺名家之列。二十岁左右，曾应上海古玩商郎氏艺苑聘请，仿古做陶。

在旁人看来，这位名扬海外的壶艺大师，平时寡言少语，脾气有些古怪。

了解他的人却认为，他的内心世界丰富博大，精神常在书山墨海、古人圣贤间遨游。所谓寂寞花开，情同此理。

顾景舟一生，性格有些忧郁，心境很高，排斥庸俗的东西。他看不起壶匠，任何时候不肯放弃自己的艺术主张。

狷介孤傲、严谨精确、细微极致……这些都可以列入顾景舟的"侧影"，但要完整地归纳顾景舟是有难度的，像他的壶，有时一个转身，又是另一番情怀与景致。

也许，紫砂壶在顾景舟的眼里，从来就是一种寄托自己才情的器物，有时候，干脆就是他的化身。

早年顾景舟在上海为古玩店做仿古壶，见过大世面。他和江寒汀、吴湖帆、唐云、王仁辅、来楚生等海上文人墨客交往甚密，经常切磋书画陶艺。有时谈得酣畅，或吟诗作画，顾景舟做壶，江寒汀壶上作画，吴湖帆装饰书刻，如"石瓢壶"，乃顾景舟信手之作，壶与字画融为一体，简洁明快，流畅舒展，谐调秀丽，给人以整体形象大方、朴素、便利、实用之感。

顾景舟喜欢跟文人在一起玩，但一般的文人是不入他法眼的。他曾经用江南的一道鲜美的农家菜"萝卜煨肉"来形容文人跟紫砂的关系。萝卜须在肉锅里煮烂，才能释放出它的无比鲜美；如果用清水煮萝卜，必然寡淡无味。那么，文人与紫砂，到底谁是萝卜，谁是肉？那就要看文人的分量与品味如何，不排除一些"无厘头"的艺界混客，在紫砂壶上附庸风雅。顾景舟认为，他们是在揩紫砂的油。

顾景舟还私下里和朋友说过，七十岁前，若是书画界的高手在他的壶上题书作画，他还能接受，但七十岁后，他就不希望自己的壶上再有别人的任何东西了。

书画篆刻也好，紫砂壶也罢，都有一个境界的问题。七十岁后顾景舟的境界还在往上走，那些过去合作过的老友们的艺术境界，是否也在上扬呢？不是一个等次的艺术，"合作"岂不成了累赘？

顾景舟一生和多少文人有过合作？那应该不是一个小的数字。最大的风头，是他与刘海粟合作的一把"夙慧壶"。高身筒，俊朗挺拔，刘海粟在壶的一面写下一枝铁骨老梅；壶的另一面，是海老的书法，"夙慧"二字，苍骨润肌，遒劲沉雄。当时，此壶拍出了紫砂史上的"天价"：三百三十六万元。可惜，其时两位大师均已作古，只是作为一段佳话载入历史。

在顾景舟的同辈中，没有哪一个的文化底蕴可以和他比肩。所谓"曲高和寡"，是因为周围可以对话的同道，实在寥寥。那些窑场上的粗坯汉子、循规蹈矩的壶匠艺人，固然淳朴可爱，但终究不通文墨，顾景舟与他们在某些志趣方面如隔星汉，彼此之间何以交谈，更何以交心？

历史上，没有哪个艺人像他那样重视紫砂以外的学问。所谓"功在壶外"，实际是一种难得的境界。他的作品风格，静穆沉稳，如千年老佛，是入定之美。那些平淡的细节，汇合起来便是惊叹与神奇，有如坐在一口古井边，看平静的水面，了无波澜，但你听到了井底下，有激流奔涌。

早年，徒弟们知道，顾景舟非常讲究壶外工夫。他一生好学，精通古文、书法、陶瓷工艺学和考古鉴赏等学问，直到晚年，他仍坚持每天写小楷数页。他喜欢看《新民晚报》，喜欢它的海派风味，尤其喜欢看《夜光杯》副刊，那上面，经常可以看到老朋友的文字。他怀念在上海的岁月，老上海常常在他的梦中变幻着永不退色的华彩。

他睡觉喜欢朝右睡，床边终年点着煤油灯，旁边是一摞经常变换的书本，从《山海经》《闲情偶寄》到《菜根谭》《随园诗话》，无所不读。一个紫砂艺人的阅读量之大，真让许多文化人汗颜。他常常在半夜醒来，一灯荧荧，万籁俱寂，正好读书。后来有了电灯也是这样。人们发现，他的蚊帐，靠灯的一面，总是被熏得黄里发黑。

顾景舟的文笔相当不错，其著述《宜兴紫砂壶艺概要》《紫砂陶史概论》《壶艺的形神气》《壶艺说》等，严谨而精辟，文字也非常精当好读。这一点，同时代的艺人们自叹遥不可及。

他还常年写日记，厚厚几大本，可惜由于涉及许多紫砂界的人与事，他的亲属不愿发表，否则我们可以领略到多少隐藏在一个博大胸怀里鲜为人知的往事与随想。

狷介而正直，是顾景舟的性格基调。某年，县里某领导调离，顾景舟念其平易近人，关心紫砂发展，故赠壶一枚，以兹纪念。后来那领导仕途遇到麻烦，调查人员来问那壶值多少钱，又套他的话（当时顾壶一枚已价值十余万元以上），希望他说成那枚壶是领导索要。他大怒，说顾某之壶，泥巴捏成，只赠朋友，不送贪官。我壶赠友，有何不可？遂拂袖而去。

始有人格，方有壶格。

民国宜兴名人储南强一九二八年在苏州地摊上觅得的供春壶，到底是不是真品？顾景舟对此一直心存疑问。几十年里，顾景舟收集史料，作了大量考证与研究。他一直有话要说，但每当他要发表关于"供春壶真伪"的研究结果时，总是有人出来加以劝阻。为什么？冠冕堂皇的理由是"保护紫砂的大好形势"。于是顾景舟只得"顾全大局"。但他始终没有放弃对供春壶的研究。紫砂艺人潘持平曾撰文记述了顾景舟临终前与他的一段谈话：

一九九六年五月二十九日下午，在宜兴人民医院的病房里，顾老叫我记录他口授的关于供春壶的鉴别。此时顾老头脑虽然清晰，但吐字已不清楚，且言不达意。历时二小时，方知其所述之意。顾老说他一生曾看过十三把供春壶，每个藏家都说壶是供春做的，只因壶盖损坏，由黄玉麟配盖，这也未免太巧合了吧。顾老说，那十三把壶，其实都是黄玉麟做的。其中的十二把，他都对藏家说了实话，只有对上海松江徐姓老人所持之供春壶，顾老违心地说是真的。我问顾老，为什么对他要说违心话？顾老说，徐姓老人年逾古稀，视此壶为珍宝，且又有心脏病，我怕闯大祸，故违心说是真的。

真话有时是带毒的，是可以致命的。面对着一个风烛残年的生命，顾景舟以少有的世故，小心翼翼地把真话藏了起来。不过，在紫砂壶上说违心话，对于顾景舟来说，这也许是绝无仅有的一次。我们可以把它看做是顾景舟性情的另一面。

当时有一位文艺界的高官，同时也是名头很大的书画家，某次以自己的一幅画，欲换顾景舟的一把壶。公平地说，此公以自己之画，换景舟之壶，除了敬重，实际也是一种艺术交流。其画跋题字中"以画换壶"之词，只是一种戏称而已。但顾景舟的理解不同。那画题跋中"以画换壶"的字句，一直让他心里不很舒服。于是将那画扔在一边。为什么？他的壶可以送知心朋友，但绝不交换。之后的两年里，对方托人频频催壶，顾景舟就是不予理睬。后来，县里领导出面，顾景舟才勉强答应。私下里，他不屑地说："以画换壶？他一幅画，连我一个壶嘴也换不到呢！他知道我做一把壶要花多少功夫吗？"

顾景舟的一把壶，最长的时间做了两年多。其间一直在反复揣摩、修改。不懂的人，私下里还骂他懒坏，真是天知道。

在他看来，做人与做壶是一体的。而制作紫砂壶的每一个步骤，就像写书作画，都有它的法度。

许多年后，徒弟葛陶中回忆说：

起先顾老要我捶泥，一团泥整整捶了三天，为什么要这样？就是要锻炼正确的姿势和用力方向，用韧劲而不是用蛮力，识别挤掉空气的熟泥的成色，从而掌握从生泥到熟泥的全部要领。

不光捶泥，打身筒也是这样。徒弟李昌鸿回忆道：

他要求转几圈必定要几圈，多一圈都不行。有一次我背对着他打身筒，他从我拍打的声音就判断出多了还是少了，常常喊：昌鸿，你多敲了几下了！

又如，他对制壶工具的要求之苛刻，甚至超出了出征将士对武器的精确讲究。他常说，不懂工具，就等于不懂制壶。他的工具有一百三十多件，每一件都有出处。他做壶，一招一式，都有讲究的。他打的泥片，厚薄均匀，几乎不差分毫。有一次，他一口气做了四把洋桶壶，进窑烧成后，有人把它们称了一下，其中的三把壶，分量完全一样，另一把壶，只重了一钱（五克）。

他知道是哪一把壶重了一点点。他略带遗憾地说："那张泥片，我少打了两记。"

紫砂壶有光器、花器、筋囊器之分。顾景舟以紫砂光器成家，他虽然没有在记述的文字里鄙薄花器，但在许多人的回忆里，他是不大看得起花器的。二〇〇六年，笔者在写作《花非花——紫砂艺人蒋蓉传》时，对蒋蓉老人进行详细采访，其间，蒋蓉多次讲到她与顾景舟的恩怨，主要是在艺术观念方面的分歧。在顾景舟看来，紫砂光器是文人壶，主张以简洁替代繁复，以神似替代形似；而紫砂花器则缺乏想象力，媚俗花哨。顾景舟常常半开玩笑地指着蒋蓉的花器壶说："痴痴头花！"

顾景舟的讥讽并无恶意，说到底他性格里还有手艺人的成分。但由于他的一言九鼎，蒋蓉们在当时的环境下坚持紫砂花器创作，很不容易。在相当长的岁月里，以顾景舟为代表的光器和以蒋蓉为代表的花器相互砥砺，共写了当代紫砂的历史篇章。

每一个时代、每一个行业都有自己的领军人物。紫砂到了二十世纪，一直在呼唤它的领军人物问世。顾景舟的出现，虽有机缘巧合，但确是天降大任，是紫砂发展承前启后峰回路转的必然结果。

顾景舟的作品，每一件都可圈可点。如"僧帽壶"，原是元代景德镇青白釉瓷器，明代永乐、宣德及清康熙年间，均有僧帽瓷壶出品。紫砂僧帽壶当从此出。原本是传统的造型，到了他的手里，却集各家之大成，开创了简朴大度、协调秀美的风格。"僧帽壶"曲把平嘴，六方壶体；僧帽为莲花块面组合，壶钮为莲心，静穆中不失盎然之趣。是行欲方、智欲圆、刚柔相济、方圆互见的砂壶珍品。

他的代表作之一"提璧壶"，是二十世纪五十年代，与当时的中央工艺美术学院教授高庄合作的作品。该壶堪称当代紫砂壶中表现材质美、工艺美、形式美、内容美、功能美等"五美"境界的绝品。一九七九年邓颖超访问日本时，该壶曾作为国礼赠送给日本首相。"如意仿古壶"则是顾景舟在传统仿古扁壶的造型上加饰如意筋纹，使作品的气韵更加生动。壶的形、气、神融为一体，具有强烈的艺术感染力。

"雪华壶"是顾景舟在二十世纪七十年代后期的创作。

这时候的顾景舟，历尽文革沧桑，在紫砂界，已经确立了掌门地位。他弟子颇多，或为官，或成名，桃李满园，夫复何求？严冬已尽，春声可闻；他的心态应该是非常平和、愉快的。内心里，那些一生的积是行欲方、智欲圆、刚柔相济、方圆互见的砂壶珍品。

僧帽壶　顾景舟／制

书法对联　顾景舟／书

累，已经到了井喷的境界。或许，他要营造一座紫砂的楼宇，或是构造一座紫砂的宝塔。它应该有巍峨的器宇，是简洁的繁复，是严密的疏朗，是细微的宏伟。不，他心里的紫砂，可能还不止是那样的分量。他选择了雪花，六角形，自天边飘来，一片片，似有若无。世界上还有比雪花更轻盈、更莹洁的东西吗？但他就是要用这雪花之轻，来表现乾坤之重。

顾景舟的性情，于一片雪花，便窥见一斑。

一层一叠，团团如盖；六层之塔，大慈大悲。这是顾景舟理想中的美妙世界：凉台静室、明窗松风、晏坐行吟、清谈把卷；天地山川、星河灿烂、白云为盖、流水作琴……壶把，如满弓，蓄势待发；壶嘴，窈窕娉婷，如美人水袖，一拂处，令江湖失色。

本山绿泥，自黄龙山出；龙窑烧出嫩金黄，温润如玉。壶胎，饱满如鼓。雪之花，尘之梦；冰清玉洁，晶纹可触。微笑，雪花的微笑，平和、宁静、包容。那分明是景舟大师之心怀。

口与盖，严合适度；壶嘴出水，一注如虹，盈尺而不浮花；无论赏玩、实用，都非常相宜。

据说，"雪华壶"出窑后，一直搁在顾景舟案头。弟子们发现，他时常将其珍赏于掌上。弟子问何故？乃笑而不答。

弟子们以前总是问，顾辅导，制壶有秘笈吗？

只见他慈祥的眼睛，特别晶莹透亮，那眼波深处，但见一派山川坦荡、万籁萧萧。

现在他们仿佛明白了，何等心境，即何等胸怀；而秘笈，则如莲心，藏之莲蓬，出于污泥，一尘无染。彻悟者，即秘笈全解也！

三十
蒋蓉：静水深流

一个紫砂艺人能走多远，全然取决于他能否对生活和大自然进行认真观察和高度提炼，取决于能否把它们用巧夺天工的手法加以表现。这种表现肯定不是匠气的，因为再圆熟的工匠怎么走也走不到这一步，就像艺术的境界只能属于艺术一样。

芒果壶 蒋蓉/制

蒋蓉老人是紫砂界迄今寿命最长的寿星，她活了将近九十岁。有人称她是紫砂界的"冰心奶奶"，台湾壶迷则把"紫砂国母"的美誉馈赠于她。

史家认为，她把紫砂花器引领到了一个新的高度，是继陈鸣远之后，紫砂花器创作的杰出代表。

二〇〇六年七月的一天下午，我如约来到蒋蓉位于宜兴城南郊的宅邸，此前她派代表多次与我约谈，邀我为她写作一部传记。天气很热，没有风，草木茂盛的院子里，一树火红的玫瑰正吐露着夏日里最后的芬芳。蒋蓉老人安静地坐在她的书房里等我。一切都从这一天出发，连同此后的三百多个日日夜夜。无论作为一个幸福的聆听者，还是一个虔诚的写作者，我得以在一个世纪老人的风雨旅程中徜徉。

我们开始吧，我就从一九一九年，我出生那天说起……

一种始终淡定从容的叙述，像长长的静默的流水，蒋蓉带着我走向她的苦难而开心的血地童年，她的潜洛乡场；她的蓝天白云、青草绿荷，她的龙窑烟云、作坊岁月；她的生命一般的紫砂花器。追随的双翅需要思想定力的托举，与一位八十七岁的老人一起穿越往事，寻找那些生活的遗珠，那些远行的故人，那些被尘埃湮没的感动。让太多铭心刻骨的故事垒起一座高山，然后，猛然回首，一切都如潮汐般隐去，唯留下一个爱字。无论枯灯冷月、寂寞花开，那一片全心倾注的爱心始终不变。风雅与天趣，童心与妩媚，都由此叠化，灿为荼蘼。就日常生活而言，爱是直觉，它发自人的内心；理智则是计较，心常惴惴，其情难真，其爱必伪。古人说多一份机心，少一份智慧，此之谓也。这样说来，两百多件原创作品，其实就是蒋蓉老人留给这个世界的大爱。

蒋蓉生长在一个四代抟陶的紫砂世家。她九岁就在生活的逼迫下辍学，然后跟父母做壶。乡村的凋敝曾让紫砂壶一路走低，然而穷人家的孩子无路可走。太多的壶匠只能湮没在星罗棋布的作坊里，蒋蓉能脱颖而出，真是一个异数。若干年后我们可以这样来总结：一个紫砂艺人能走多远，全然取决于他能否对生活和大自然进行认真观察和高度提炼，取决于能否把它们用巧夺天工的手法加以表现。这种表现肯定不是匠气的，因为再圆熟的工匠怎么走也走不到这一步，就像艺术的境界只能属于艺术一样。

纵观近现代有成就的紫砂艺人，如顾景舟、裴石民、任淦庭、王寅春等，大都有在上海闯荡的经历。蒋蓉虽为女流，但早在成年之初就蜚声乡里。她年轻时，二进上海，成为仿古壶之高手，也摆脱了一个封闭的村姑的陋见与拘谨。她自己常说，这双手与紫砂泥有一种天然的契合。心性通着泥性，她之所以能在紫砂艺术的路上一直走到今天，最重要的一点，是她的一颗始终没有受到污染的纯净之心、仁爱之心。一切都从这里出发，也许它从来就不是飞流直下的瀑布，而只是涓涓不断的细流。有时它会表现出童稚般的天真好奇，有时它会折射出对大自然的深深挚爱，有时它会激发出对劳动与生命的赞美怜悯，有时它会体现出对苍天大地的莫大敬畏。哪怕是一只癞蛤蟆，在蒋蓉的心目中，它也从来就不是"丑"的，她几乎所有的作品都体现了草根农家对俗世生活的赞美，对恩养人类的造物主的供奉心态。

"九件荷花茶具"是蒋蓉二十世纪五十年代的代表作品。

蒋蓉当年居住的三娘娘庙背后有一片蜿蜒的活水，那是著名的蠡河，是范蠡、西施荡舟之河。千古爱情绝唱的碎片，或许已随着粼粼的波光消逝了。河流的幽美，劳动的快乐，与情感的困惑交叠在一起，蒋蓉一天天地在这交织的时光里做着自己心爱的紫砂壶。

老祖宗留下来的紫砂壶样固然不少。有的是仿三代、周、春秋战国、秦古铜器造型，如彝、鼎、尊、爵；有的是仿古代陶器造型，如彩陶、罍、瓠、瓿、杯，以及秦汉晋的瓦当、汉砖纹样；有的则是仿古代器物造型，如秦权、玉器、钟、鼓等。还有的仿实用器物借形改装，如斗笠、柱础、箩筐、升斗之类。仿来仿去，就是没有几件是紫砂自己的东西。

　　蒋蓉决心突围。她并不需要刻意去寻找题材，她天生有一份与大自然息息相通的情怀。她单身，没有家累，不爱逛街；不喜欢一般女人那样的家长里短，也不看重市井炊烟里的寻常生活。她心有所爱，偏偏是那些旁人不太注意的闲花小草，甚至小螺蛳、小虫子。离住所不远的田野里，有一塘团团如盖的荷叶，有几千只红蜻蜓在头顶飞翔，几乎每天的清晨和傍晚，她都会来这里呼吸新鲜空气。在荷塘边她可以一坐几个小时，看青的荷叶，粉的荷花，悠闲的浮萍，调皮的青蛙在一个童话般的世界里和谐相处。她的心就会格外地沉静。创作于她，其实就是对生活感恩的心境的记录，是诗情的喷发需要寻找一个最合适的载体。蒋蓉在一个蛙声如鼓的秋夜画出了"九件荷花茶具"的设计图纸。壶，还没有做，她心中的荷花已经怒放成灿烂的一片。难以入眠的夜晚，她蹲在娘娘庙住所的天井里静静谛听。蟋蟀在不远的田野里组成唱诗班，鸣响中呈现着某种金属音质，那细致而甜蜜的颤音，在空气中清澈地播散开来。她突然找到了与之最贴切的基调。在制作"九件荷花茶具"的日日夜夜，她食不甘味，夜不能寐。有人发现她走在路上常常神思恍惚，见了熟人也忘记了招呼。她已经完全沉浸在她的荷花王国之中。

　　壶身是荷花，莲蓬作壶盖；卷曲的嫩叶作壶嘴，毛茸茸的荷枝弯成壶把；红菱、白藕、乌荸荠分别作为壶的三个底座。

　　壶盖上栖息着一只稚态可掬的青蛙，它的周围镶嵌着十一颗可以旋转的莲心。四张团团的墨绿的荷叶圆盘托举着四只粉盈盈的荷花杯，仿佛如四个伴娘随着荷花仙子一起出浴起舞。

　　完整圆满、对称偶数、以大为美，这些中国民间典型的审美心态，在工艺美术造型中是常见的。荷花与莲子向来被古人比喻百年好合多子多孙。蒋蓉选择它们作题材，还因为它们出淤泥而不染，有一种质本洁来的高雅。

　　壶与杯的每一根线条都贯通着柔美，蒋蓉式的柔美。色彩，也是蒋

牡丹壶 蒋蓉/制

她天生有一份与大自然息息相通的情怀。

蓉式的静美，热烈而不娇艳，灵动而不妖冶。蒋蓉的色彩是这样一遍一遍炼出来的：她把多种不同泥料反复调制，反复进窑试片，有的颜色一试就试了几十次。她必须用她自己的紫砂语言。米黄的底色，朱红的花脉，青翠的荷叶，鲜红的嫩菱，乳白色的藕，乌亮的荸荠，墨绿的莲房内镶嵌着九粒活络自如的莲子……语不惊人死不休，那是古贤杜工部炼句的箴言。蒋蓉的赤橙黄绿青蓝紫同样是经过了千呼万唤、千锤百炼，才达到了至真至美的境界。紫砂花器自明代陈鸣远开创以来，都是单色或双色成型，"九件荷花茶具"则以其绚丽的多色创造了中国近当代紫砂史上花器作品的先河。

蒋蓉具有相当深厚的写实、塑造功力。她曾经细心观察过蛤蟆的生活习性和捕食方式，虽然它没有绚丽的色彩而像泥土一样质朴，但它善于捕虫，貌似臃肿却能准确而敏捷地擒住目标，是庄稼地里的杀虫先锋。即使不把它和一个古老的招财进宝的民间传说联系在一起，它也不应受到歧视而作为一种形容懒汉低能儿的专用名词。

于是，一只以癞蛤蟆为题材的紫砂水盂就这样诞生了：一截老松树桩，有着久远的年轮；栖息其间的一只蛤蟆正蓄势待发、屏息欲擒；在它的不远处，一只蝼蛄闻声欲逃却不知所措。蛤蟆的稚拙与勇敢全在它那一眨不眨的眼神之中，它在刹那间虎视眈眈的进攻状态，被蒋蓉准确地抓住，并且传神地表达出来。相生相克可以演绎出令天地动容的故事，这哪里还是一只水盂？分明是一个活生生的童话，蒋蓉式的童话。

到二十世纪八十年代，蒋蓉可圈可点的作品已经数不胜数，如果让它们集合起来，简直是一个庞大的紫砂兵团。就像一部被打开的书，我们已经读到了它最精彩的章节。如果让蒋蓉自己来选择，在那么多爱不释手的作品里选出几件她最满意的，也许是一件十分棘手的事。但她最终还是会肯定地告诉你，"荸荠壶"和"西瓜壶"，还有"秋叶树蛙""月色蛙莲壶"都是和她十指连心、与她的生命等量齐观的不可割舍的经典之作。

"荸荠壶"创作于一九八一年。一直到八十七岁的晚年，蒋蓉在叙述创作该壶的过程的时候，脸上还掩饰不了孩子一般的得意。"说穿了吧，我这把壶就是做给那些看不起花器的人看的。"二十世纪八十年代的顾景舟已经是当代紫砂的领军人物。他平时的言谈举止，总是会不自觉地流露对紫砂花货作品的轻视。蒋蓉的脾气，从来都是用作品说话的。"荸荠壶"的壶身，是一件典型的光素器作品，而它的装饰却具有花器与陶塑兼工的特点。壶嘴与壶把的线条，如凌波仙子凭空一跃，有意想不到的洒脱与干练；而壶身的装饰，决不是一般意义上的点缀。它已经逾越了像与不像的底线，那种草根而不卑贱、雍容而不显贵的气度，是需要一份气质来支撑的，一般的紫砂艺人怎可比拟呢？"荸荠壶"要告诉别人的正是这样的一种理念：光素器与花器之间决不是天敌，就像艺术不应有贵贱之分，而只有优劣之别；好东西不怕兼容，好朋友应该共存。"荸荠壶"最后被英国人永久收藏于维多利亚艾伯特博物馆，它代表中国，代表一个遥远的东方民族的工艺秘笈。

"秋叶树蛙盘"，一九八三年创作。秋天是容易让人感怀的季节。古人说一叶知秋，蒋蓉正是从一张卷曲的树叶造型入手，她设计了一只小青蛙，趴在树叶的一端，睨视着一只可怜的小小飞蛾。它们本是一对天敌，但青蛙发现，在深秋萧索的天气里，这只小小飞蛾就要呜呼哀哉了。小青蛙会怜悯它吗？它是否也感受到了一种生命易逝的悲哀？蒋蓉把所有的故事安排在一张树叶的时空里。接下去小青蛙和小小飞蛾之间还会发生什么故事呢？那肯定是一个美丽的童话了。飞蛾的命运牵动着蒋蓉的心。她爱这个弱小的即将离去的生命，她要赋予它以美丽，哪怕是短暂的一瞬。前前后后，她一共捉了一百多只飞蛾，放在小瓶子里观察临摹，她熟悉它们的每一根筋纹，她甚至能感受到它们的呼吸。最后的一只小小飞蛾就这样定格在树叶的底部，它是一只吟唱的蛾，周围蛙声如鼓，像十面埋伏。天已崩，地欲裂，它依然吟唱，永远吟唱。当它终于不再是活生生的飞蛾而已经是艺术品的时候，一位记者和它发生了一个小小的误会。在一个陶艺展览会上，记者用手去拍打它，以为它是偷偷跑进这艺术殿堂来的不速之客。它偷偷地乐不可支，"别怪我，是蒋蓉奶奶让我这般真假难辨的呀"。

"西瓜壶"，一九八五年创作。又是一件光器式的浑圆佳构。许多媒体在报道此壶时,着重强调了蒋蓉一连多日,冒着烈日酷暑,不顾严重的腿疾和女儿艺华赶了几十里地去西瓜地里写生的情景。但在蒋蓉晚年的回忆里,写生的经历只是一带而过,她说得最多的,是西瓜壶的表现手法。西瓜之圆,是圆润饱满之圆;西瓜之脆,乃清脆新鲜之脆;蒋蓉在泥料的配置上作了几十次试验,终于找到了最适合表现西瓜的色彩语言。一次,我在采访蒋蓉的时候忍不住提过一个问题:紫砂真有秘笈吗?蒋蓉的回答是坦然的:如果说紫砂真的有秘笈的话,那就是在紫砂艺人心中只可意会不可言传的对工艺的一种把握,那不是固定的方程或分子式,更不是江湖上的咒语或解药,而是因壶而异的工艺理念,是不可复制的心得天机,你只能在具体的作品里寻找答案。蒋蓉的一番话使我想起了文学创作。你有一个好故事,可是你没有好语言、好手法,那么一个好故事就活活被你糟蹋了。可见,把好东西用最好的方式表达出来,是所有的艺术家毕生追求的目标。蒋蓉的"西瓜壶"花纹清晰可爱,瓜藤、瓜蒂塑成壶嘴壶把,从壶身与壶把的连接处斜出一张墨绿的瓜叶,开两朵嫩黄的小花,呼应出一片鲜活灵动的气息。像一首田园诗,在被千万次朗读后依然脆绿如生。此壶现藏于宜兴陶瓷博物馆。

"月色蛙莲壶",一九八九年创作。这是一件段泥作品,以写实手法把自然界的莲荷、青蛙、昆虫集于一壶。她巧妙地利用藕节组成壶嘴,荷叶梗与花梗绞缠扭为壶把;莲蓬为壶盖,上栖一青蛙为壶钮;壶身为盛开之荷花,花脉清晰,自然灵动。童心和天趣是蒋蓉创作的主题,她具有捕捉美的瞬间的天赋才华,又有一手微型雕塑的过硬本领,善于把大自然中的美丽和生活中的情趣融入壶中,开创了独具风格的"蒋氏陶艺"。

蒋蓉晚年有一个小小的朴素愿望,希望有一部书总结她的一生。在病倒之前,她接受了我二十多次采访。她甚至连书的封面颜色也想到了,要大红色,红得纯净、热烈。她最终看到了书,尽管已经不省人事,但是,当书真的放到她面前,她突然睁开了眼睛,并且,绽放出一抹难以令人相信的微笑。

六百年紫砂,风流人物如过江之鲫。一些人名声隆隆,作品能留下

长寿碧桃壶 蒋蓉/制

蒋蓉的不朽在于,她从来就是清澈的,一生如荷之于污泥,缕缕清气,渐渐浩大。

几何？蒋蓉的不朽在于,她从来就是清澈的,一生如荷之于污泥,缕缕清气,渐渐浩大。听似无声而胜若有声;花国气象则以生命营造,其势葳蕤而蔚为大观。作为中国当代紫砂花器的开山人物,她把一种独特的美消融于壶的每一个细胞,不凡之中透现平常;饭稻羹鱼、一瓢一饮、火耕水耨、一花一草,都被蒋蓉收入壶中,化为神奇。

　　静水深流。这句话或许最能概括蒋蓉。在静美的水面上,你看不到波浪的动,但在水的深处,它奔涌如潮。

尾声
大师在哪里

紫砂壶一路走来的六百多年历史里，曾经屡遭磨难，大多是由于战乱、灾荒与「运动」。

但这一次的紫砂危机，却是出现在中华盛世的当今。

问题的根源，来自紫砂艺人的内心。

也就是说，紫砂艺人们的内心一旦发生战乱、灾荒，那就比自然界的天灾更要命。

我的书写完了。

本来还可以写下去，一直写到今天依然活跃在紫砂界的工艺大师，甚至可以写更多的没有大师头衔却具备真正大师气度与经典作品的人物。这个计划在我心里已经酝酿了很久。有一次，与紫砂工艺大师徐秀棠先生聊天。他说，在世的人你就不写了吧，至少不要写我。

为什么呢？

俗话说，盖棺定论嘛！

秀棠先生颇有文士风骨，一向以耿介直言而著称。他的一番话引起了我的深思。中国古人讲人生的三不朽，一是立德，二为立功，三乃立言。所谓的"三立"是否当真能够"不朽"，当由后人来评说，而不是自己或同时代人。于是，本书写完二十世纪五十年代的"紫砂七艺人"后，我就顺势停笔了。

回眼望去，本书中的所有人物均已作古，留在世上的，只有他们的壶。那些壶大默如雷、俯仰千秋，见证着历史、岁月、才情，甚至还保留着他们的生命气息。

一壶乾坤。壶在人在。

有人曾经讥讽当今某些文化程度不高、国学功底薄弱、连毛笔也握不住的"大师"，充其量只是个"大师傅"。他们认为，可以称大师的人，一是要有深厚的国学基础，他必须对中国传统文化有深刻理解与把握；二是他必须对本专业以及毗邻的学术潮流具有广博的认知和自己的深入思考，并且有自己的专著专论；三是他必须有一定数量的独创且能传世的作品，这些作品具有承先启后、继往开来的意义，能形成一个流派并经受住时间的考验，能引领、造就、培养一支人才队伍，成为影响一代人的经典。

按照这样的要求，我们今天的大师是不是评得太多了一点？或者说，真正意义上的大师是不是太少了一点？在灯火的阑珊处我们见不到大师，在寂寞的寒窗下我们见不到大师，甚至在装修得富丽堂皇的"工作室"里，我们依然见不到大师。倒是在太多的官方场合、太多的灯红酒绿的处所，我们却能频频看到某些大师晃动的身影。

大师不在工作室。这是我们今天的悲哀。

由此又想到徐秀棠先生的"盖棺定论"说，原来，在这字字如钉的背后，深深隐藏着秀棠先生的莫大忧虑。

在本书所涉及的人物中，只有顾景舟和蒋蓉赶上了评聘大师的时代。他们作品等身，高山仰止，晚年备受崇拜。但他们的晚年也有莫大的困惑。紫砂壶被炒得太离谱，一把小小的紫砂壶，让许多人丧尽天良。有个小青工，一时糊涂偷了他们几把壶，竟被判处死刑。这件事让两位老人大惑不解以至伤了元气，在他们看来，再怎么着，壶毕竟是泥做的，人可是血肉之躯啊。年轻人一时糊涂，上帝也会原谅的。一把壶就抵消了一个年轻的生命，至于吗？他们去政府，替那个小偷求情，最终无功而返。这太让人匪夷所思了！

"把紫砂壶炒得那么高，那么玄乎，有必要吗？"蒋蓉老人晚年曾经不止一次地这样追问。

真没想到，紫砂壶成了许多人难填的欲壑，成了许多人追逐名利的砝码，成了许多人道德沦丧的工具。

壶还是壶吗？壶是不是已经变成了一个龌龊的江湖？

每一把壶都有自己的表情。那表情，通着艺人的心境。

紫砂的先人们，总是用两句话来形容修炼壶功之苦：寒天喝冷水，黑夜渡残桥。

今天的人们，还能达到那样的境界吗？太多的诱惑常常压得我们的紫砂兄弟透不过气来。你必须心浮气躁，你必须四面出击、十面埋伏，否则你一不小心就"落伍"了。就连个刚上手的嫩生学徒，也老想着把自己的作品打进博物馆弄张收藏证书玩玩。于是我们某些曾经庄严的博物馆，爆满得差不多像个超市。

诚然，当今的紫砂界也不乏这样的隐士，他们终生放弃职称，从不参与评奖。他们隐居民间，他们拒绝炒作。他们就是一辈子做壶，做自己喜欢、满意的壶。闲云野鹤，栖情物外。散淡疏放的性情表现在壶上，就变成了他们的一种艺术宣言。

传世之壶，谈何容易？

今天的社会，紫砂有"圈"，文化有"圈"，娱乐有"圈"，学术有"圈"，官场亦有"圈"。你想做点事，你就得摸清路数，慢慢融入"圈"中。

如此说来，紫砂艺人松了一口气，既然大家都在"圈"里，那我们也就跟着感觉走吧！

世风日下，人心不古。就紫砂而言，如果不能从内心来反思、疗救，如果不能从体制来规范、约束，那么，纵然有再多的"紫砂风暴"，也不能让更多的紫砂艺人痛定思痛。

世界上任何一种外部力量都摧毁不了具有六百多年历史的紫砂，唯一能够毁掉紫砂的，是紫砂艺人自己。

虔诚的壶迷捧着他们曾经深爱的紫砂壶，这样问道：还是那把泥吗？还是那把壶吗？

谁来维护紫砂的尊严？

庚寅年春夏之交的"紫砂风暴"之后，我们听到了太多的紫砂艺人的集体回答：绝不能让一些害群之马损坏陶都的名片，一定要冲刷掉蒙在紫砂壶上的世俗尘埃。

是的，紫砂壶一路走来的六百多年历史里，筚路蓝缕，峰回路转。大多的磨难是由于战乱、灾荒与"运动"。但这一次的紫砂危机，却是出现在中华盛世的当今。问题的根源，来自紫砂艺人的内心。也就是说，紫砂艺人们的内心一旦发生战乱、灾荒，那就比自然界的天灾更要命。

紫砂壶历来就是这样：除了泥料的真伪，工艺的优劣，品相的高低，还连接着一个紫砂艺人的操守与修为。

紫砂艺人在反思，紫砂艺人在行动。大浪淘沙，泥沙俱下；疾风之后，劲草葳蕤；陶人如陶，真金历练。

当紫砂的先人们还在空气郁闷的博物馆橱窗里深深地郁闷着的时候，每天数以千百计的紫砂壶，照样以她古老而年轻的魅力，向着棒打不散、心心相印的壶迷们，向着世界，向着人类，发出持久而恬淡的微笑。

我和许多人一样相信，紫砂界一定有真正的大师。他们的人格、作品，就像青山、碧水，大地、天空，静默无语；但当我们走进他们精神和生命的深处，触摸到他们的灵魂，我们才会感受到豪阔和博大。

庚寅年的春夏之交，那些真正的大师，那些没有大师头衔的大师，那些紫砂的忠实追随者、护卫者，他们都站出来了。为了捍卫紫砂的尊严，他们捧出了一件件真诚的作品。那些新出窑的壶，表情庄重，带着紫砂的芳馨，向着所有关心紫砂的朋友，正作出最完美的阐释。

说不完的紫砂，道不尽的紫砂！

一位美国陶艺家曾经这样评述他眼里的紫砂壶："那是只可意会、不可言传的魔法，那是东方古国积累了近千年的秘笈。一把小小的紫砂壶里，蕴藏着中国人的哲学观、中国人的审美情感、中国人的生活质量。"

是的，它把沧海桑田的时光凝聚成一瞬，任悠闲的茶水浇却人间的浮躁；它把水滴石穿的功夫凝聚于一壶，让斑斓丰美的世界发出由衷的惊叹。它是高密度的艺术陈酿，它是简约而深刻的美学泉流；它又是人们生活里忠实的朋友，耳鬓厮磨，不离不弃，直到静寂绝声、天荒地老。

它就是紫砂，一代又一代，前赴后继；

它就是紫砂，革故鼎新，百川归海。

二〇〇九年七月至二〇一〇年三月二十七日初稿
二〇一〇年七月二十日二稿
二〇一〇年十月一日至七日定稿于宜兴丁香花园知竹草堂

附论

我们时代的风土诗人
——评徐风的紫砂文学创作

汪　政

　　大概是在四年前，我读到徐风的散文集《天下知己》。这部作品内容丰富，有对故乡文化前贤的写照，有对江南山水的描摹，书画艺林，文学感悟，日常风景，人生感怀……但最吸引我，也让我大开眼界的，还是有关紫砂壶艺的那些篇什。故乡在徐风的身边，是山水，是人物，是风景，但更是"紫砂，宜兴人命根子一样的紫砂"。
　　徐风谈紫砂，谈紫砂壶，使我又一次体悟到人与物的关系。人对物的认识，人与物的对话关系的建立首先要靠人与物的交往，在往来兴答中去揣摩，去感悟，去建构。这样的揣摩、感悟与建构既是个体的参察，也是在如琢如磨中借助了他人的智慧。比如，想要认识紫砂就可以找徐风，听听他如何谈论。他说："紫砂就是大地深处的一把土，要说简单，世界上哪有比它更简单的存在呢？"他又这样解释紫砂与生活的关系："无论时代兴衰、王朝变更，壶中沸水依然滚，茶里方语扑面香。许多人把生命里的宝贵年华留在了一壶茶里，泡老了悠悠岁月，恍惚了百年人生。那一排排黑苍的紫砂老壶已经记不清侍候了几代茶客，温暖了多少从风雪驿道而来的寒士，抚慰了多少潦倒失意的心灵，承载了多少普通人的欢愉和惆怅……"他以徐文长的一则典故来叙说文人与紫砂壶、与茶的关系："中国历史上的文人大概没有不喜欢茶与紫砂壶的。明代以后，社会风气受新儒学的影响，平淡闲雅、质朴温厚已成为一种时尚。紫砂壶的敦厚内敛、古雅蕴藉，甚合文人心意。有人送了青藤老人徐文长一罐碧螺春，为了选一把合意的紫砂壶，他从绍兴跑到宜兴，所追求的，除了一脉茶香，还有着文人的一种精神寄托。"论述文人与紫砂壶的关系，突出文人提升后者的文化品格是徐风谈论紫砂的重要理念。紫砂之美，在功能，在材质，在造型，在工艺，在品味。工艺品大多集实用与审美于一身，并且也大都有一个前者渐淡后者渐重、起于实用而归于审美的过程，这一转化，文人的作用确实不可小视。当紫砂壶与茶道结合在一起时，不仅可以修身养性，而且紫砂壶本身就是文人展示才艺、抒发性灵、驰骋才情、托物言志的载体。文人与工匠们的交往、切磋与合作不仅产生了紫砂工艺的特殊制作方式，提高了个性化生产的程度，而且大大丰富与提升了紫砂壶的文化含量与审美功能。大批的工匠在这一漫长的制作史中锻打淘洗，催生出如陈曼生、时大彬、陈鸣远、邵大亨、黄玉麟、以及"风华七贤"这样的大师，因为他们，紫砂被赋予了生命与灵性。紫砂不仅以具象的写实与写意来为山川风物、花鸟虫鱼写照，更以抽象的气质、造型与线条构筑起特殊的空间来表现天地、日月、晨昏、时序、阴阳、刚柔、张弛、方圆、内外、开合、向背等复杂关系，表达对自然、社会、人生、历史等内在精神的理解，所谓壶里乾坤正是说明有限的器物在盈盈一握之间却可以达于无限。"千山独行，天佑其灵；隔岸听箫，大匠运斤。"一抔矿砂，从大山深处开掘出来，经风雨催化，经大师之手，经千度炉火，便能呼风唤雨，迎来送往，望古达今，体察天籁、遍访日月星辰、生灵万物，诉说诗情画意、儿女情长，超迈时空，弥合俗雅。徐风谈起这些大师的作品，充满了虔诚，更有一种成竹在胸、指点江山的气度。他对紫砂艺术家们苦心孤诣的艺术道路，臻于极致的艺术境界，各具个性的艺术风格，泽被后代的艺术影响，条分缕析，指陈精要，不但表现出作者对紫砂工艺史广泛而深厚的积累，更能看出他与中国艺术精神、与紫砂艺术品格心灵上的契合，气韵上的合拍。他是得其神韵的紫砂陶壶鉴赏家，

"天下知己"，诚哉斯言。

后来，我才知道，徐风在紫砂文学这方面已经经营多年，发表了大量有影响的作品。二〇〇五年，他首次以文学形式撰写了紫砂工艺大师吕尧臣长篇传记《尧臣壶传》，开启了以文学形式为紫砂艺术家进行的大型传记创作，为文学讲解紫砂艺术与紫砂艺人提供了丰富的经验。这部作品是传记，又是研究与评论，是吕尧臣紫砂艺术生涯的呈现，也是徐风对紫砂艺术特性长期潜心研究后的一次集中表达，具有相当高的学术含量。作品出版后不仅得到了文学界的首肯，更得到了紫砂艺术界、收藏界和广大爱好者的高度评价，成为紫砂艺术类的畅销书。

其后，徐风一鼓作气，又以紫砂工艺大师蒋蓉为传主，创作了大型传记文学《花非花》。它通过对紫砂工艺大师蒋蓉近九十年生命历程的文学记述，清晰地勾画出这位大德、大智、大师兼备于一身的女性的人生轨迹，展现了她在六十余年从艺生涯中追求进步、寻求完美的人生以及不受世俗污染的清劲人格。作品把蒋蓉的人生命运放在中国紫砂工艺兴衰史和我们民族百年兴衰史的大背景下来描述，从而使这部紫砂大师饱经风霜的人生传奇不仅具有强烈的时代色彩，又显示出相当的历史厚重感。这部作品再一次显示了徐风深厚的文学修养和在紫砂文化上的丰富积累与独特识见，非常传神地写出了蒋蓉的艺术品格和艺术追求。

现在，徐风又创作了紫砂艺术家系列传记体大散文《一壶乾坤》。与前几部同类题材与体裁的作品相比较，《一壶乾坤》又具有了新的特点。这是一部以散文体裁撰写的紫砂艺术家的系列传记，又可以看做一部中国紫砂艺术史。徐风借鉴了中国史传文学的传统，以人写史，以人代史，以人观史，通过对几十位紫砂艺术家的传书，展示了紫砂艺术的历史传承，体现了徐风对紫砂艺术史强烈的书写意识。据目前的史料记载，紫砂制作起码在北宋期间就有了，然后盛于明清，起落于近现代而繁荣于今。从实用的器皿而发展为一种高雅的艺术品，这其中必有因缘与规律，但不管从哪个角度，制作者、工匠、艺术家都是关键性的因素，所以，艺术史的写作总是离不开艺术家。每一种艺术的承传、变化都与一些开风气的艺术家密切相关。中国古代史学一向认为，人即历史，这一观念在艺术史上体现得最为典型。比如，如果没有明代金沙僧和龚春，可能紫砂作为艺术还要晚若干年；如果没有明嘉靖至隆庆年间的"名壶四大家"，紫砂的兴盛也不可想象。再如，时大彬"斫木为模"的制法，徐友泉的"熟砂技法"，陈鸣远的"花货"开辟，陈曼生的款式革命等等，都是紫砂艺术史风格与样式生变的关键。徐风抓住了人，抓住了这些艺术家在紫砂艺术上的艺术理念、制作技巧与艺术风格，也就抓住了紫砂艺术史发展的经脉。所以，《一壶乾坤》虽然看上去类似人物小传，但徐风不从传记的角度刻意求全。人物的生平、履历，有的可以说阙如甚多，徐风抓的是大关节，他追求的是人物在紫砂艺术史上的独特地位与他们艺术上的独特造诣。当然，作为艺术史，首先是艺术家的历史，但同时又是作品史。所以，在《一壶乾坤》中，徐风再展擅长，在此前个别艺术家作品分析的基础上，以紫砂艺术史为背景，对古往今来的经典之作进行了富于个性的鉴赏解读。这种鉴赏除了为其艺术史地位、传承与影响作出准确的分析外，格外注重将人与作品、将时代精神和文化风尚与作品结合起来分析，注重分析作品所蕴含的艺术家的个性气质与精神气韵，以及这些个性气质与精神气韵所彰显出的社会时风。徐风说："一个紫砂艺人的最高境界，莫过于把他的才情和灵性全部化入壶中，并且能够和谐地体现于壶的每一个细节，吾即壶，壶即吾，壶吾合一，融会贯通。"这是他力避以物说物、就事说事分析方法的原因，也是他对紫砂作品艺术精髓的认识。所谓知人论世，以意逆志，徐风深得中国传统美学三昧。他这样说陈曼生的"弧棱壶"："其实就是瓦脊的断面形。曼生在这里借觚棱壶以明志，渭世间人事，应讲规矩方圆，不应模棱两可，一把壶里隐着为人处世的道理。即壶身四周，处处锐角，润中见锋，乃暗合'觚'有棱角之意。"他又这样描绘顾景舟创作于二十世纪七十年代后期的"雪华壶"："这时候的顾景舟，历尽'文革'沧桑，在紫砂界，已经确立了掌门地位。他弟子颇多，或为官，或成名，桃李满园，夫复何求？严冬过尽，春声可闻：他的心态应该是非常平和、愉快的。内心里，那些一生的积累，已经到了井喷的境界。……顾景舟性情，于一片雪花，便窥见一斑。一层一叠，团团如盖；六层之塔，大慈大悲。这是顾景舟理想中的美妙世界：凉台静室，明窗松风，晏坐行吟，清淡把卷；天地山川，星河灿烂，白云为盖，流水作琴……壶把，如满弓，蓄势待发；壶嘴，窈窕娉婷，如美人水袖，一拂处，令江湖失色。"这样的赏鉴文字是深得大师会心的。

  徐风的紫砂文学让我想到人与家乡的关系。在文学中，人与家乡的关系一言难尽，这从许多作家身上我们都能深切地体会到，比如沈从文之于湘西，汪曾祺之于高邮，贾平凹之于陕西……徐风出生于宜兴，一直在这块土地上生活、写作。"我生命里最爱的江南宜兴是一个让天下人魂牵梦绕的地方。我相信故乡对一个作家成长的影响是巨大的。一切都从这里出发，母乳一样的文化积淀，从出生那天起就在我的血液流淌。惯性像无形的曲线，决定我怎么去写，总是在出发。还是在出发。"但正因为如此，我反而不知道应该如何给徐风的写作定位，觉得许多通常的说法都有些焦距不准，或者落了窠臼。再三思考后，以为他是一种"风土写作"。因此，我愿意将徐风视为我们时代的风土作家或风土诗人。这样的归类或认定当然与紫砂有着紧密的关系。紫砂与一般的民间工艺不一样。中国的民间工艺不下数百种，有的民间工艺没有明显的地方性，有的虽然有地方性，但却可以横向移植，因为它们对原产生地的自然环境依赖并不大。但紫砂就不一样了，它在材料上的特殊性非常明显。紫砂的用料就是陶土。陶土按其性质、功能、颜色，习惯上分为白泥、甲泥、紫砂泥三大类。其中的紫砂泥，又可以细分为紫泥、红泥、绿泥、乌甲泥等，是生产紫砂陶器所需的主要原料。在中国，生产陶器历史悠久，地方也多，相比而言，紫砂的生产要晚得多，从地域上说，就几乎只有宜兴。因为紫砂陶土矿床主要就分布在宜兴丁蜀地区的黄龙山、青龙山、南山等。而且，紫砂矿并不丰富，一些紫砂泥品种早已绝迹。现在的宜兴，也已禁止开采紫砂矿。所以，紫砂艺术从用材上讲可以说是唯一性的。许多民间艺术，其材料对风格的影响并不大，相对于先天的自然材料，后天的人为因素更多。紫砂不一样，虽然不能说它用材的自然属性是其风格的唯一因素，但这种自然属性却是基础性的，决定了紫砂艺术后天风格发展的方向与条件。因为紫砂材质的关系，它的胎质与胎色不宜附加华丽的彩绘，这就决定了它只能在造型、浮雕与刻画上做文章。谈到紫砂艺术的发展，一个重要的革命性的因素是文人的参与。中国的文人艺术是重写意、朴素与韵味的，而紫砂材质的局限性恰恰给了文人施展才艺的空间，简单、写意、笔墨趣味、绘事后素，特别是紫砂中的光货，已经基本是另一种文人的书画。再如，从功用上讲，紫砂制成的最多的器皿是茶具与花盆，因为紫砂的材质具有无可比拟的透气性。而茶具与花盆又是中国传统文化艺术即茶艺与盆景艺术的主要用具，这两项艺事与文人也关系密切。这两种艺事特别是茶文化也一直被认为对紫砂艺术产生了深刻影响，是其从实用到审美、从俗而雅的重要因素。所以，像紫砂这样的艺术不是一般的民间艺术生成发展所说明的，它的地域环境的确定性与唯一性只能用风土理论来阐述。所谓风土，"是对某一地方的气候、气象、地质、地力、地形、景观等的总称"。风土理论在更本质、更自然、更物质的层面强调地理因素对人与社会的影响甚至决定作用。丹纳早就认为地理因素是决定艺术的三个主要因素之一，而日本学者和辻哲郎更进一步认为风土将解释根植于人类共同本性的艺术何以因"地"而异。宜兴地处江南，气候温润，特产丰富。东晋南迁之后，文人墨客多优游于此。教育隆盛，艺事发达，名家宿儒，代代不断。此地又是中国重要的产茶之地。现在看来，这些仿佛都是为紫砂准备的。而紫砂的出现，又以一种特殊的形式承载了这里的自然与人文。它后来居上，成为宜兴文化、中国文人文化和讲究精致、追求生活审美化的江南文化的典型代表。一个自觉的风土文学的写作者，首先就是从自己所属地独特的自然因素着手，从所属地特有的文化产品与文化现象入手，进而去探寻它内在的精神秘密。徐风现在的创作正是有意识地走这条路，他写紫砂，通过紫砂去寻找它生成的因由，而这寻找，又必然使他的写作拓展开去。江南的自然风物，文化传承自然而然地进入他的视野，一张以紫砂为核心的江南文化地图终将被绘制出来。可以说，若把紫砂写透了，就不仅写出了宜兴，而且写出了江南文化这一中国特殊的文化类型。徐风说："我觉得宜兴本土作家写紫砂，是一件天经地义的事。自古以来，阳羡溪头那一丸土，一直在创造着让世界赞叹的辉煌。可以说，没有历代文人的参与，就没有今天意义上的紫砂艺术。紫砂的历史，就是热爱紫砂的文化人和有文化追求的紫砂人共同创造的。作为今天宜兴的本土作家，我们的血脉里沉淀着阳羡文化的基因，我们深爱着脚下这片独特的土地，我们怎么可能对紫砂熟视无睹呢？"对紫砂，徐风是那样的看重，倘若没有紫砂，宜兴便只是一个地理概念，这是非常深刻的认识。徐风的紫砂文学首先和紫砂陶艺一样与宜兴的传统文化同宗同源，所以才根深叶茂，气息相通。这是一个风土诗人自觉意识的体现。

而一个作家一旦进入这种风土写作，他的文字便会受到风土的浸润，被风土所同化。徐风长年盘桓于紫砂，紫砂的文化，紫砂的品格，紫砂艺人的艺术追求已经成为他文学的一部分。徐风的文学个性已经非常明显，那就是文人气，那就是唯美，是典型的南方的写作，这与紫砂一脉相通。徐风涉笔广泛，他紫砂文学中不少作品接续了中国博物记铭这一散文传统，收藏把玩，涵咏寄托，趣味盎然。他的人物传记，特别是《一壶乾坤》，不但有中国史传文学的影子，而且有中国笔记小品的路数，看得出有《世说新语》的文脉，用笔省俭，剪裁考究，注重细节，往往几笔点染勾勒，而人物神采丝现。他对汉语之美的营造近乎苛责，他的语言文白相间，推敲锤炼，讲究诗意内含，洗练、干净、雅致、飘逸，书卷气十足。他仿佛要把自己的文字写成大师手下的紫砂器，要耐看，要留得住。虽然不是三代铸鼎，但自有一种风在的气度。

说到这里，我要特别提及的是徐风的中篇小说《壶王》，它在徐风紫砂文学创作中的意义怎么估价也不过分。徐风是文学上的多面手，影视、纪实、散文、小说，涉猎多种文体。徐风虽然已经创作了大量的长、中、短篇小说，但在这些虚构性文体中真正的紫砂题材并不多，因此，《壶王》的创作是一个突破。这部中篇讲叙的是民国时期，上海滩大亨杜月笙想献一件紫砂宝壶给少帅张学良，但是紫砂镇的老壶王突然中风，不为人注意的伙计阿多在关键时候以一手制壶工艺为老壶王救了场。作品情节曲折，非常富有戏剧性，如果对紫砂行业，对紫砂传人们的历史稍有了解的,都会从中读出许多故事原型。作品有对紫砂这一行当习规的交待,有对新老艺人之间的传承、较量与冲突,有"光货"与"花货"制壶工艺的不同之争,更有对作为文化的紫砂的内涵的挖掘,以及对江南文学与生活方式的描摹。文学史告诉我们,如何处理特殊性题材,如行业类题材一直是文学创作的难题。写深了,读者不懂或成了行业教科书;写浅了,又显得浮光掠影有如标签,可有可无让人怀疑其必要性。高尔基就曾对当年的苏联青年作家谈过如何处理工业题材的问题,告诫他们不要写成流水线,写成操作手册。要避免出现此类问题,使工业文学化,关键是要写好人物,写好人物的命运,使工业成为影响人物与命运的必要因素。这样的告诫至今仍然有效。袁朴生也罢,西门寿也罢,包括袁家的伙计阿多,在徐风的笔下都与紫砂有不解之缘,他们的沉浮都系于紫砂,他们的性情都融入了紫砂。人物与工艺,两者结合得天衣无缝,毫无强拽硬拉之嫌,他们的冲突、性格的形成,也都与紫砂的行规有关。也许,还有一点可以补充的就是文化。只有上升到文化的境界,许多具体的如工业包括紫砂这样的工艺以及所有的行业、职业等在作品中才可以虚化,也才可以进入到人物的性格与内心,也才可以进入到作家主题的深层次思考,否则,确实难免有标签或炫耀知识的嫌疑。《壶王》的成功就在于以现代紫砂艺人的命运写出了这一艺术的存去兴衰,承传变迁,写出了这一民间工艺与社会的复杂联系和它与艺人的关系,这就有了思考与见识,有了人与艺术的哲学沉思。我曾与徐风交流过多次,特别鼓动他以其擅长的虚构方式去写紫砂文化。我的意思是,纪实与虚构各有其功能,各有侧重,不能相互替代,而对待像紫砂这样的地方工艺,检验其是否真正地进入了文学表达的领域,是否以其文化功能参与到文学话语中,就看其在虚构文学中的存在,只有在虚构中,我们才能摆脱具体的人与事,摆脱时间、空间与许多知识层面和现象层面的纠缠,以元素的方式而非整体实在的方式进入文学,重组重生,创作主体也才能超越出来进行深入的思考,所谓风土写作至此才得以完成。风土,不是作为奇幻和地缘景观,而是作为精神气质得以叙述和吟唱。

我以为徐风风土写作的意义还有申说的空间。在目前的文学界，甚至文化界和知识界，"中国性""本土性""地方性"以及"中国经验"正在被广泛讨论。如果从文学的角度讲，最朴素的最基本的中国性与中国经验应该是对中国现象、中国事情和中国事物的书写。中国人写中国事应该是最朴素的道理。当然，将中国经验等同于对中国事情的表达是幼稚的和表层化的，但是，无论如何，中国事情应该是基本的出发点之一，其次才会是进一步的比较与深度勘探。从这个角度去检讨，许多中国事情似乎还没有得到真正的表现，它们正面临着被遗忘的境遇和早已被完成书写的错觉。

中国经验在基本的视角与意义上不是抽象的，它的出发点总是具体的，这其中，地方性应该是一个重要的值得永远开发下去的矿藏。重申一下文化的地方性是必要的，这种地方性可以理解为一个国家，一个民族，一个地区以及任何形式下存在的差异性文化，它是保证文化的多样性并最终给我们文化提供发展的种子与基因。从这个角度讲，地方性写作不仅是面对过去的打捞与保存，更是面对现在与未来的延续与生长。也正是从后者讲，地方性写作应该首先从风土入手，只有这样，地方文化才有物质的出发地，才有其生产与生活资料意义的确定性，也才可以辨认并且真正保证以地域为界划的生活方式的多样性与文化的多样性。

从这些方面看，我们实在需要更多的徐风式的风土作家。

二〇一〇年七月十二日，南非世界杯决赛日

紫砂壶里藏着的地图：
追寻我们失去的故乡

沙 蕙

作为一个在北京出生，又一直生活在北京的人，这座城市的发展带给我的最大感受是失去，永无止境的失去。无数的外地人拥来，在不知不觉间将这座城市占领。周围已经听不到我小时候熟悉的那种胡同口音了，当然，曾经熟悉的胡同和相伴的各种景致以及味道也都迅速消逝。一个曾经那么从容和平静一如乡村般美好的城市在一片狼藉的废墟中死去。北京变成了一块试验田，一座大型游乐场，一个大车店。它包容了一切，却最终被一切所吞没。

但是，这座城市在我的心里依然如故：天棚、鱼缸、石榴树。夏天的蝉鸣冬日的落雪，蓝色天空下悦耳的鸽哨，老人们提笼架鸟的安逸神情；斑驳的城墙，蜿蜒的护城河，街道中缓慢挪动的有轨电车，连同往日空气里漂浮着的早点铺里豆浆油条的香味儿，都分毫不差地珍藏着，什么时候拿出来品味，都会由衷地感到欣慰和自豪。

实事求是地说，如此愤愤不平地哀悼北京的我其实也并不是北京的土著。我的祖父和父亲一辈从遥远的江苏宜兴辗转了若干地方来到这里，他们从不同的时间段走出那个南方小镇，经过了上海，最终到达北京并在此生活。很长时间我都不能想象这座城市的什么东西最终将他们留住。相比于北京，上海和他们生长的那片土地在风土人情上更为亲近，但是在这座飞土扬尘的城市里生活了几十年之后，他们"乡音未改鬓毛衰",反认他乡是故乡了。

正因为如此,在我所生长的北京渐行渐远之后,那种寻根的强烈愿望驱使我将视线移向烟雨朦胧的江南小镇。想象中的小镇充满了浪漫的诗意,想象中的自己与那里有着千丝万缕的联系,不知不觉之中,对这座小镇的了解与日俱增,对她的迷恋也日益加深。向往不曾到过的故乡,就像向往一个未曾谋面的挚亲。

有很长时间我都在如饥似渴地搜集有关宜兴的各种常识,并试图透过想象丰富和充实它的形象。让我感到非常自豪的是,它的可爱与引人入胜之处并不在于那种已经被模式化于"好一朵茉莉花"的矫揉造作和小情小调。虽然身处江南,我的家乡宜兴却自有一番雄浑豪迈的气魄与超凡脱俗的气度。

这个地处苏浙皖三省交界的小城,山清水秀,人文荟萃,素有"教授之乡"和"大学校长摇篮"的美誉。 当然,不止是教育界,在文学艺术界,宜兴也是人才辈出。仅仅书画界,我们就拥有徐悲鸿、吴冠中、尹瘦石、钱松喦、吴大羽这样享誉海内外的大家。其它领域如科技、新闻等等的人才更是不胜枚举。值得一提的是,当我在阅读那些回忆不久前逝世的大师吴冠中的文章时,发觉人们对于吴冠中的为人和性格的描述其实正是对宜兴人的概括。虽然少小离家,吴冠中身上宜兴人的性格特色却依然鲜明突出:坚韧,执著,善良,真诚,实事求是,任劳任怨,充满智慧又谦虚低调,阅尽人世却天真质朴。人们爱说"一方水土养一方人",的确如此,然而对于宜兴人来说这又有另一重的含义:上天如此厚爱宜兴,赐予它神奇的紫泥春华。宜兴人也不辜负命运的眷顾,他们凭借自己的智慧和努力将自然的造化点石成金。

一捧土,一把壶。

宜兴人创造的紫砂壶,壶小乾坤大。

就凭这一把壶,世世代代的宜兴人飘洋过海走天涯。

就为这一把壶,人们呼朋引伴不远万里来到宜兴一睹她的绝代芳华。

紫砂是宜兴的骄傲,也是宜兴的写照。

打开徐风新近写就的《一壶乾坤》这部大书，便仿佛进入了瑰丽奇妙的紫砂世界。作者以其对家乡故土的深厚情感与对故乡特色文化的一腔热情和深刻了解，写尽了六百年紫砂春秋，写活了一把把历尽沧桑沉默不语的紫砂壶。他循循善诱，娓娓道来，如同一位善解人意的好客的导游，带你结识一个个紫砂世界的能工巧匠，教你读懂壶外的奥妙，壶里的乾坤。在徐风的笔下，紫砂壶时而是风姿绰约的曼妙女郎，万种风情、千姿百态，令人浮想联翩，流连忘返；时而又像慈祥和蔼的老母亲，白发苍苍，倚门而立，翘首以待游子还乡。

写文人壶的清雅，他三言两语即呈现了"行到水穷处，坐看云起时"物我两忘的超凡境界："紫砂器的构造拥有自由和灵性，可以暖手温心，可以成全一种委托生命想象的大美，于是品呷香茗、把玩砂壶渐渐成为时尚，人生感怀寄寓其中，枕石陶醉已经足够，仕林官场已经忘情。"

写百姓壶的质朴，字里行间扑面而来的是沸腾火热的市井气息："无论时代兴衰，王朝变更，壶中沸水依然滚，茶里言语扑面香。许多人把生命里的宝贵年华留在了一壶茶里，泡老了悠悠岁月，恍惚了百年人生。"

在徐风的笔下，花非花，壶非壶。紫砂不是单纯的茶具，也不仅是传统的工艺品。它是宜兴历史的活化石，是宜兴文化根脉的承载处，是宜兴人的魂之所牵，梦之所系。

此处没有乡愁，有的只是对千百年制陶史的向往与沉醉。宜兴人的文化优越性与得天独厚之处即体现于此，不必寄情山水，只要一壶乾坤。说不尽的紫砂壶，道不尽的宜兴人情风土。其实宜兴人很少流露"谁不说俺家乡好"的洋洋自得，因为紫砂而名扬四海的宜兴豁达、含蓄、淡泊、沉静。品读《一壶乾坤》，仿佛穿越时空隧道聆听当年的制壶工匠、壶迷藏家和寻常百姓讲述那些隐藏在历史深处的趣闻轶事。作者用情用心描画了一幅纵贯数百年绵延不绝的紫砂盛景。难能可贵的是，其中既有为家乡写传的决心与热情，同时又能跳脱出来，以客观的角度生动再现历史。

徐风在书的开篇即讲到宜兴的气场。在他的书中，不可思议地还原了这个强大的文化场，遥远和模糊的历史因而变得触手可及又真实可信。一个个妙趣横生的小故事看似信手拈来，却也查有实据。读完这本书，我掩卷沉思：要怎样的功夫才能将紫砂的历史讲述得如此深入浅出，出神入化？又是怎样的痴迷才能像这样追根溯源、不厌其烦地将紫砂艺人如数家珍，一一道来？

认识徐风，是在六年以前。因缘也由紫砂而来。

那时他还是宜兴电视台主管业务的副台长，当然他本人也是精通业务的编导。第一次见面是在上海的一位收藏紫砂的老板家中，原本是为了一次报道宜兴的合作。徐台长从宜兴去，我则从北京赶来，大家见面寒暄，没有几分钟他便进入工作状态。一队从宜兴风尘仆仆赶到的摄制组在他的带领下风风火火地开始拍摄。都是壶迷，都是紫砂的爱好者，与其说是采访，不如说是交流。那个时候我对自己的故乡和神秘的紫砂世界还知之甚少，但从他们的交谈中，我依稀感受到紫砂文化的独特魅力。

在这方面，徐风可以算是我的启蒙老师了。记得那次采访中了解到，那位收藏紫砂的上海企业家拿出徐家汇一栋小洋楼的整整一层做他的收藏室，让我感到惊讶和好奇。徐风则在旁边向我解释说，其实上海乃至江南很多城市像这样的藏家和壶迷自古以来就不计其数，今天他们已经形成一个不断扩大的圈子，大家寻壶，买壶，品壶，藏壶，乐在其中。近年来正是越来越多的藏家使得宜兴的紫砂事业发展壮大，而他们与紫砂工艺师之间的互动也使得这门古老的艺术与时俱进，不断创新和变化。

在徐风的带领下，我有幸认识了不少上海的壶迷，更认识了许多宜兴的紫砂工艺大师，虽然当时我还是一个入门级的爱好者，但因为这个朋友，却有了一个相当高的起点。那一次的宜兴之行给我留下深刻印象的除了紫砂世界的博大精深，便是这个对家乡文化狂热痴迷的电视台台长和编导。不仅是紫砂，他的镜头遍及宜兴的山山水水，寻常百姓家。

我至今还记得那个秋日的黄昏，在宜兴电视台的一间审片室里看他拍的电视片《最后的鱼鹰部落》。镜头里,是烟波浩渺的太湖上那几只身影孤单的船家;镜头外,是兴致盎然的徐台长眉飞色舞地讲述他整整一年多跟拍的创作历程。

记得当年同为电视人的我,看着他对工作的投入与激情,感到惊讶的同时不禁自叹不如。就如同今天看到这本洋洋洒洒的散文巨著,想到他多年来坚持不懈地为自己家乡所做的努力,我会扪心自问,除了闲来无事吟风弄月地把玩一下小资般的乡愁情调之外,又切实地为自己生于斯长于斯的土地做过什么呢?

曾经也想要写一写几十年没有离开过的北京,但一动手就感到工程浩大无从下笔。也常常会不无遗憾地感到,虽然如此深爱着北京,但其实自己对北京的了解,又是如此贫乏和浅薄,而如果没有深入透彻的了解,没有考据的研究和细致入微的寻找,北京的神儿和魂儿便无从把握。你的怀乡便没有共鸣,没有响应,没有说服力和感染力,怀乡则只是怀旧,是一种虚无缥缈的情绪。

由此看来,徐风的幸运虽是与生俱来,他生在宜兴长在宜兴,从未离开过的这方神奇的土地滋养了他的文学艺术的才华,也为他提供了取之不尽的写作素材,然而这其实并非得来全不费工夫。六年来,我看到他一点一滴地积累,一步一个脚印地追寻和探索。

从二〇〇四年他编写八集电视艺术片《中国紫砂》真实再现了紫砂发展史上的诸家风貌、文化走向,生动记录了紫砂的制作工艺、艺术价值,到他在人民文学出版社出版长篇报告文学《花非花》,为当代紫砂花器艺术的开山大师、中国工艺美术终身成就奖获得者蒋蓉作传,二〇〇九年与珠江电影制片厂联手,撰写八集电视艺术片《紫泥春华》乃至今年已经改编拍摄为数字电影的紫砂题材中篇小说《壶王》,以及在此过程中在《人民文学》《十月》《当代》《中国作家》《上海文学》《钟山》《芳草》等文学刊物上陆续发表的数十篇紫砂随笔和散文。

一路走来,徐风始终听从自己内心的声音。在如此浮躁和充满诱惑的时代,他守着阳羡一丸土,紫砂一把壶,年复一年,日复一日,沉迷于家乡山水和紫砂世界。他的执著和认真使得他的才华得到了有的放矢恰到好处地施展。经由他的文字，人们走进宜兴了解紫砂；在他的导引下，宜兴的山水和紫砂亲切感人，既有传奇又有韵味，如一首代代传唱的古曲，余音袅袅，不绝于耳。

今天已经很难说是宜兴成就了徐风，还是徐风张扬了宜兴。只是很少见到一个作家多少年如一日一心一意只写宜兴，将自己的家乡写得如诗如画，令人神往。有时候我甚至想象徐风就是宜兴小城上的一棵老树，他深深扎根在自己的土壤中，根深叶茂，为南来北往的客人挡风遮雨，也为倦鸟归林落叶归根的游子撑起一片灵魂的栖息之所。

想当初他从电视台"转战"文联，我还曾为他感到些微的惋惜。一个那么出色的电视编导离开了自己熟悉的舞台，如雄鹰折翅，壮士断腕，多少年的累积和努力也许就此功亏一篑，付之东流，半途而废了。未曾料到，在新的岗位上，徐风依然长袖善舞，甚至仿佛比在电视台有了更大发挥的空间，做得更加风生水起。我相信是对家乡始终不渝的热爱和对紫砂文化的痴迷使他不论走到哪里都能找到适合自己的舞台，只要能为宜兴歌唱，赞颂紫砂，他就能欢声笑语，神采飞扬。

值得一提的是，正是由于多年从事电视编导的经验，使得徐风的文字有着与众不同的个人风格。尤其是和一般文人所写的随笔散文不同的是，他的散文同样是妙笔生花，文采飞扬，却不给人舞文弄墨之感。文字清新质朴，轻巧跃动，充满了灵动的画面感和一唱三叹的节奏。

当我读到这样的段落：

壶好比是别在村庄胸口的一枚徽章。

从村庄的上空鸟瞰，你发现那匍匐的龙窑上一缕青烟在黄昏的暮色里盘旋，如白蛇传里现身的白素贞在窈窕起舞。一个名叫惠孟臣的壶工在窑头上得意地吹着一支牧笛。

帆影远去了。

杨彭年和他的弟妹们站在岸边，目送着那遥去的船影，一点点消失在天际。

每每会引发无限的畅想与遐思。

他写东西有着强烈的交流的冲动,像是就坐在你的对面,看着你的眼睛,讲述他的故事,等待你的共鸣。文字一如当年的摄影机,不过是个载体,是个工具,为的是抒发胸中块垒,却又不是自言自语的倾诉,而是分享。

此外,以电视编导的眼光写散文,写历史,看重的并非是大事件和小情绪,而是事件当中一个个鲜活生动的人。他们的喜怒哀乐,他们的性格特点,他们对艺术的执著追求,他们的命运在大历史中的兴衰沉浮。徐风对于紫砂的痴迷得益于他与那些能工巧匠的结缘。他的《一壶乾坤》看似写壶,实则写史,透过写史,其实写人。而这样的写作立场与姿态在他的散文创作过程中是一以贯之的。无论是《花非花》还是《紫泥春华》和《壶王》,他对紫砂文化的描述从来都不局限于紫砂壶的传说,市场价值,工艺技巧,他倾注心血浓墨重彩所表现的,是对于创造者的敬佩与尊重。

人们手执一壶,把玩品茗的时候,常常忘记牵引他们的,其实是一种个人的创造力,是一个人的充沛气场,世界在这里处于凝固、营造和模拟之间,亦幻亦真。就这样,一个人瞬间的独语,成为了子孙后代的经典,一个原本孤独无援的精神世界通过模仿与传承,覆盖并倾倒了无数个心灵。这是紫砂的力量,更是创造的力量。

一语掷地,道尽紫砂文化的精髓。与此相应,我还特别喜欢他在惠孟臣那个篇章的结尾处所写道:"因为有孟臣壶,所以,惠孟臣还活着。"

在这本笔法炉火纯青集大成的新书中,徐风不仅带我们领略了壶里的乾坤,更教我们深入到一代代工匠们的内心世界。写的是紫砂的神韵,道的却是艺人的风骨。

在他的笔下,我们认识了一个个出身平凡甚至卑微却志存高远、不同流俗的民间手工艺人:被奉为紫砂壶开山鼻祖的供春,紫砂壶的一整套制作技法才大体建立掀起了紫砂历史上第一个革新高潮的时大彬,拥有"花货"鼻祖的桂冠让峰回路转的中国紫砂在明末清初又绽放出奇丽的光彩的陈鸣远,未能打入自己名号的蒋彦亭,以竹入壶的冯桂林等等。不仅仅是那些声名远扬的紫砂大家,一些以往并未入史的紫砂工匠也被他带入书中。不仅仅写他们的壶艺,更要写他们的人品。

有很多细节给人留下深刻印象。

比如,书中写到东渡日本教壶的金士恒,每一次完成一把壶的制作之后都要加盖一枚自己国籍身份的印章。徐风着力讲述这个篇章,并议论说:"金师傅对日本人有礼有节,里里外外磊磊落落,一个中国民间的草根艺人,就是用一枚小小的印章,把自己的国家系在腰间。"

另一个有趣的小故事来自吴云根,作者写道:

吴云根生性耿直,脾气倔强;见到不平之事,总是仗义执言,主持公道。另一方面,他又心地善良,仁慈待人。一次,紫砂厂安排他去无锡鼋头渚疗养。鼋头渚在远郊,他在无锡车站下车后,雇了一辆黄包车前往那里。他刚上车就要求下来,他心软,见不得车夫那么气咻咻地在前面死跑。最后,他只把一只随身带的小箱子放在车上,自己跟在黄包车后面,一边小跑还一边推车,与车夫拉扯家常。车费两元钱,他硬塞给车夫五元,此事一时成为美谈。

这个在外人看来也许略显夸张的生活细节,我曾经不止一次地在我所认识的宜兴人那里听说过类似的内容,正因为如此,我对这个故事深信不疑,并且觉得从中可以十分清楚地看到宜兴人的性格特征。作者对吴云根的那两句评价其实用在大部分宜兴人身上也是适合的。看起来倔倔的被戏称为"芋头"的宜兴人其实心思细密,古道热肠,外刚内柔。虽然身在江南,但他们的口音并不似吴侬软语那般地轻巧甜腻,反而有些豪放之气。待人接物也是如此,所以我一直觉得宜兴人是南方的北方人。

这样的性格作用于壶,自然另有一番情致:

那些壶的表情，通俗而高贵，无不倾注着一个壶匠对中国民间文化的敬意。贫困并没有剥夺他丰富的想象，适度的寒碜反而让他保持一种勤奋的生命姿态。

紫砂壶的表情，宜兴人的性格，民间艺人的生命姿态，作者徐风的全情投入。有时候我甚至觉得，写紫砂壶用这样的心力实在是太耗神了，但沉下心仔细品读，又发觉徐风为家乡作传、为紫砂写春秋的同时也藏着他自己的一点点私心。自古以来我们的文人便有寄情山水、借物抒情、托物言志的习惯。紫砂壶内的乾坤也藏着宜兴人徐风的夫子自况。当我看到其中描写陈曼生的段落，不禁发出会心一笑，散文中总会看到作者不自觉的真情流露，于其中你会明白整部书的来龙去脉、始末源流：

嘈杂的官场他没有兴趣，见惯了沧海桑田，心就趋向沉静。离此不到百里的宜兴窑场，才是他心中的牵挂。一见到那温雅古朴的紫砂壶，他就怦然心动、爱不释手。我们可以想象，陈曼生乘坐的官船，经常是在暮色苍茫时分，悄悄地驶入蜀山脚下的蠡河。避开了官场上那种对等的接风应酬，他居然一头钻进了四面漏风的窑头小屋。在那样漫长的寒夜，有一把暖心慰怀的紫砂老壶，伴着纯香馥郁的茗茶，天高海阔，品壶论艺，一切都是多余的了。

乌纱，算什么东西？皇恩何浩荡？官宦不过一秋风而已。

这里看似写的是一代大师陈曼生，然而透过他抒写的却是作者自我的情怀。博大精深的紫砂文化使得始终都身在官场的徐风却若即若离，半隐半仕。胸中怀有一壶乾坤，使他出世入世都保有清雅脱俗的文人气质。经历大风大浪，依然痴心不改。如一把紫砂壶，经由千锤百炼，沧海桑田，依然纯真质朴，道法天然。正因为如此，谈及紫砂，他的文字常常力透纸背：

紫砂的风雅，在于名士与名工的结合。……今天意义上的知识分子，已经没有了以往文人士大夫的知识构架和文化趣味，一个工科的博导，也许连毛笔也拿不住。所以，名士的缺失，让紫砂壶少了许多知音级别的参与者。再从"名工"的角度说，今天的紫砂艺人，在学历、眼界、交游方面比过去的老艺人占有较多优势，但在情怀、学养、心境方面，则不如前辈们优游、深厚、静穆。也就是说，紫砂壶的文人气，并不是简单的茗壶加书画。那种不绝于缕的文气，是靠才情加岁月慢慢滋养的。

平心而论，二十世纪五十年代，人与人的关系比较简单，紫砂艺人都在厂里拿不高的工资，所做之壶全部归公。紫砂界就像一个金字塔，大家的才情和手艺都在那里摆着，你知我知；那时紫砂壶几乎没有民间交易，也没有今天这么多的拍卖会、博览会；没有今天这样名目繁多的职称与奖项；没有人因紫砂而发财，所以也没有代工、枪手、壶贩一族。不用功的紫砂艺人很快会被淘汰，因此谁也不肯落后。……为什么今天的人们一说起那个干净的时代，就会肃然起敬？实在值得深思。

爱之既深，责之必切。借古喻今，说的是从前的人，聊的却是今天的事。回忆昨天，为的是期盼一个健康发展更加美好的紫砂的未来。从中可以看到作者对于紫砂工艺发展现状的忧思，虽然用语极其俭省且含蓄，但其中的批评却十分尖锐和不留情面，然而这种批评又与冷言旁观的外人随意点评或不负责任的指责截然不同，与那些道听途说的目的更在于炒作、结果也许会致紫砂于死地而绝不在于关切的诸如所谓质量问题的讨伐不同，这是作者在长期的了解与研究的经验基础上，深入本质一针见血切中要害的议论，带着切肤之痛，的确值得引起紫砂从业者的重视、警醒和反思。此处，《一壶乾坤》已超离于一般意义上的寄托乡愁或书写地方志的层次，而成为填补空白的紫砂史。

读完这一本厚重的紫砂史，心中油然而生对徐风的敬意，其中也夹杂着几许羡慕与期盼。羡慕他一直生活在我心向往之的故乡宜兴，羡慕他浸润在博大精深的紫砂文化中，占尽天时地利研究紫砂文化，羡慕他朝朝暮暮与紫砂为伴，与大师们谈天说地、论古议今。当然，也期盼他能在这条其实艰难的路上走得更长，走得更远，期盼他矢志不渝地做紫砂的代言人、播种机、宣道者，期盼越来越多的人经由他的文字而了解紫砂，爱上紫砂，同时也能认识并爱上我的故乡宜兴。

　　我想，在遍访紫砂的大师名士之后，徐风对紫砂的了解与认识恐怕要比很多身在其中的从业者还要透彻明确。在他的心中，一定藏着一幅紫砂发展的线路图，从古至今，从传统到创新。正是由于与紫砂近距离的接触和追根溯源的历史探究，使得他对紫砂文化和家乡的文化产生了更深的眷恋和热爱，而这种眷恋和热爱又使他生发出强烈的责任感和使命感。我所知道的今天的徐风，衣食无忧，生活优越，自可以在景色宜人的江南小城颐养天年。而写这样一本大书，牵一发动全身，真的是费力却未必讨好的事。徐风不请自战，担此重任，一定是出于对生于斯长于斯的家乡的深厚情感，其中并无借文字扬名立万的功利目的。如果说有目的，那也是为了成全紫砂，成全宜兴，而这一切，最终自然会成全这个身在其中有着传统文人情怀和对家乡无比热爱的作家。

　　这不禁让我想起诺贝尔奖得主、土耳其作家奥尔汗·帕慕克在《伊斯坦布尔：一座城市的记忆》中所写的："伊斯坦布尔的命运就是我的命运：我依附于这个城市，只因她造就了今天的我。"

　　谨以这句话送给远在故乡的徐风，祝福他和我们这个美好的城市，有一个更美好的未来。

　　也祝福所有怀乡的人，能像他一样，找到那条属于自己的回家的路。

跋

陶都气场与紫砂兴衰史

何镇邦

一

徐风既是一位卓有成就、声名鹊起的作家，又是一位资深的紫砂文化研究者。他近年来在长中篇小说、散文、传记文学以及影视文学创作所取得的成果就不必赘列了，但是在紫砂文化以及以紫砂文化为题材的文学、影视创作方面却值得小结一下。他为紫砂工艺大师吕尧臣、蒋蓉先后撰写的文学传记《尧臣壶传》（上海文艺出版社二〇〇五年出版）。《花非花》（人民文学出版社二〇〇六年出版）熔铸了他对紫砂文化的深入研究与理解；由他撰稿的八集电视艺术片《中国紫砂》（二〇〇四年）和另一部八集电视艺术片《紫泥春华》（二〇〇九年）更是影响广泛。此外，紫砂题材的中篇小说《壶王》一经《当代》发表，即由《小说选刊》和《小说月报》选载，并被改编为数字电影，在文坛内外颇为轰动；而数十篇紫砂题材的散文在《人民文学》《十月》《当代》《中国作家》《上海文学》《钟山》《文艺报》《读者》等报刊发表后，也产生颇为强烈的反响。徐风生于陶都宜兴，长于陶都宜兴，热爱紫砂，也熟悉紫砂，对宜兴的紫砂史与紫砂人物了然于心，对各种紫砂艺术品具有独到的高水准的鉴赏力。作为一个宜兴本土作家，把写紫砂视为一件天经地义的事；也可以这么说，只有像他这样有成就的本土作家才有可能用文学的形式向海内外人士介绍宜兴独特的紫砂文化。

于是，就有了这么一部紫砂历史大散文《一壶乾坤》。从某种意义上来说，《一壶乾坤》是一部宜兴的紫砂兴衰史。

《一壶乾坤》分为"开卷：陶都气场"以及自供春至蒋蓉三十位紫砂艺术大师随笔性的传记两大部分。"开卷：陶都气场"对宜兴的历史、紫砂矿产、宜兴七千年的制陶史和六百年的紫砂工艺史、紫砂壶的种类、烧制紫砂器具的窑以及文人壶等等做了一个横断面的展示。仅用一万余言，即把宜兴紫砂的来龙去脉以及种类特色描叙得活灵活现、剔透玲珑。从传说中的紫砂工艺的开山鼻祖供春到刚刚逝去的花器大师蒋蓉，精心选择的三十位大师的身世描述与代表作鉴赏，纵向地展示了陶都宜兴六百年紫砂发展史的兴衰与走向。这一横一纵的结合，是这部紫砂历史大散文结构上的一个鲜明的特色。

二

让我们先来读读"开卷：陶都气场"吧！

这一篇洋洋洒洒的"开卷"，它的关键词是"气场"，或曰"鲜活的气场"。这种"鲜活的气场"来自宜兴幽美的山水、绵长的文脉和耕读传世的传统，当然也来自丁蜀的那一把价超黄金的"富贵土"。也就是说客观的自然环境与特有的矿藏，加上优秀的人文传统，造就了陶都宜兴的"鲜活气场"。本世纪以来，我一次又一次地造访宜兴，去感受这种"鲜活的气场"，感受宜兴紫砂艺术的魅力。与徐风在"开卷：陶都气场"中所描述的一切颇有同感，因此一读"开卷"部分，即产生强烈的共鸣，有一种油然而生的认同感。

当然，徐风在用诗的语言描述了这种独属陶都宜兴的"鲜活的气场"之后，又分节向读者描述紫砂泥的分类与特点、紫砂工艺的发展历程、紫砂陶器的分类、烧制紫砂陶器的窑的演变、紫砂陶器与文人等等，既富于知识性、又充满丰盈的诗意。

"上帝偏袒"一节是介绍产于宜兴丁蜀镇郊黄龙山中的紫砂矿、紫砂泥的。既告诉我们它分为红泥、紫泥、团山泥三种颜色，又介绍由这三种颜色调成各种各样的色调，介绍紫砂矿贵在有"砂"，"由于这种'砂'的作用，烧成后的紫砂壶外观上便会呈现出比一般陶泥黏土丰富得多的肌里效果……"这种介绍性的语言是平实的、简明的。但是像这样来描写紫砂："但就是这么一把土，不加任何东西，捏啊捏啊，就捏出了一个奇妙的世界。"那就是颇有诗意的文学语言了。

在"气与脉"一节中，作者就饱含激情地为我们描述源远流长的宜兴文脉了！自六朝以来，宜兴的文学艺术家蓬起，宜兴的百姓崇文尚学；自唐至晚清，宜兴出了三百八十五位进士；自明以后，作为江南腹地的宜兴，经济繁荣、喝茶之风盛起来了，茶具也讲究了，加上接受苏州的辐射，再加上"天下绿茶在江苏、江苏绿茶在宜兴"，"一切的一切，都在为紫砂壶的问世，创造外部条件""于是乎，壶便应运而生了"。这一节用诗的语言描述宜兴文脉的文字，应看做是"开卷"的"文眼"。

然后，在"工巧于心""窑""文人壶""百姓壶"等节中，逐一介绍紫砂陶器的分类、窑的演变以及文人壶、百姓壶各具的特色。请读下面这一段描述龙窑的文字：

龙窑，是宜兴古代陶工的非凡创造。它的形状确如一条匍匐在山坡上的苍龙。在"龙脊"的两侧，均匀地分布着填放燃料的鳞眼洞。暗淡无光的陶胚，在千度以上的窑火中，渐渐变得通体透明。在窑工们的眼里，这都是一个个有灵性的生命。火凤凰在两天两夜尽情的舞蹈中，涅槃而新生。而奇丽的窑变，赋予了紫砂陶器别样的风韵。

在这有声有色的描述中，仿佛赋予龙窑以生命，把它写活了，也写神了。

三

　　细读从紫砂陶器开山鼻祖供春至花器大师蒋蓉的逐一介绍描述的文字，仿佛在读一部简明的宜兴紫砂六百年发展史，同时，也是对六百年中宜兴紫砂珍品的鉴赏与巡礼。

　　徐风对三十位紫砂工艺大师身世的介绍，不仅是一些于史有据的平实文字，还不时穿插一些吊人胃口的传奇故事。这不仅增加了这一组文字的文学性，也加强了它的可读性。诸如描述古阳羡君山之隅、东溪之上的金沙寺里一位名士吴颐山的书童供春偷看老僧做壶，于是做成传世的经典作品"树瘿壶"的故事，还有这把壶后来被储南强收购、珍藏、补盖、捐献的故事，均颇有传奇色彩。再如徐友泉向时大彬学制壶之艺，徐父探班发现其子在旁观大彬雕一头紫砂牛时有倦意，准备用藤条拐杖击其子，友泉眼快抓过一块紫砂泥做成了一头活灵灵的水牛。这个民间传说的故事也颇具传奇性。其余，如善做花器的陈鸣远为浙江绍兴府黄姓公子求婚用而制作"束柴三友壶"的故事；溧阳县令陈曼生与壶工杨彭年、杨凤年兄妹合作制作"曼生十八式"的故事；金士恒东渡日本传授壶艺的故事；李宝珍的十八岁儿子被日本鬼子抓进炮楼拒送紫砂壶，一根竹节拐杖打碎家中全部紫砂壶，一口鲜血溅红了半堵墙，"宁为玉碎，不为瓦全"的故事；顾景舟为人耿介孤傲拒绝与一位文艺界高官也是大书画家以壶换画的故事等等。读之，不仅为之嘘吁感叹，更重要的是通过这些传奇故事彰显出诸位紫砂艺术家的性格与人格，使其形象更加立体丰满！

　　而从对三十位紫砂艺术家代表作的鉴赏文字中，也时时透出徐风作为一位紫砂文化研究者的行家眼光，而这些鉴赏文字大都十分精美，可以看做是这部紫砂历史大散文之精华所在。

　　让我们从后往前选择几段鉴赏文字来欣赏。先看对蒋蓉的"秋叶树蛙盘"的鉴赏文字：

　　　　"秋叶树蛙盘"，一九八三年创作。秋天是容易让人感怀的季节。

古人说一叶知秋，蒋蓉正是从一张卷曲的树叶造型入手，她设计了一只小青蛙，趴在树叶的一端，睨视着一只可怜的小小飞蛾。它们本是一对天敌，但青蛙发现，在深秋萧索的天气里，这只小小飞蛾就要呜呼哀哉了，小青蛙会怜悯它吗？它是否也感受到了一种生命易逝的悲哀？蒋蓉把所有的故事安排在一张树叶的时空里。接下来小青蛙与小小飞蛾之间还会发生什么故事呢？那肯定是一个美丽的童话了。

再细品对王寅春的"串顶壶"这段鉴赏性文字：

"串顶壶"是王寅春晚年的一件力作。整个器形就像一个端坐的仁者，低眉，静目，怀想那风云际会，万籁俱寂。可以想象，王寅春制作该壶时的心态应该是平和静穆的。那种波澜不惊的柔板风格贯穿了器型的每一个细节。平宽底、鼓腹、圆盖、曲弯流、嘴口朝天；壶钮如帽缨双环相串，谐趣盎然。从头到底，自有一份恬淡从容。仁者走遍天下，洗尽铅华；沧海白云，心间流过。甲已卸，剑无刃，胡笳寂寂而丹心无眠。该壶何以不是王寅春一生的写照呢？

这段文字，读来就不仅是在鉴赏一把壶，而是在描述评价一位紫砂艺术家的一生了。这正是徐风关于紫砂文字的长处。

四

散文是极为重视其语言的，可以说重视到考究的程度。散文的语言与小说不同，散文的语言可以直接展示作家的个性与风格；小说的语言则生活化、人物性格化，作家不可直抒胸臆，而把自己的性格与风格掩藏在其中。

徐风的散文语言颇为讲究，也颇精美。尤其是这部紫砂历史大散文的语言更加考究，更加有特色。至于是什么特色，见仁见智，可以有不同的看法。是典雅温婉，还是丰赡华实，我看都有一点。更准确地说，是华美而不失丰赡，秀丽而不流之于冶艳；既有考据文字的金石气质，又有唐诗宋词的遗韵。这样的文字，当然是美不胜收的了！

"开卷"之开卷处，写宜兴的"鲜活的气场"，第一段写宜兴的山水，语言就很美，就有唐诗宋词的遗韵：

它很小，但自古以来，它一直是文人的梦境。那波光云影、杏花春雨的悠闲所在，分明是唐诗的故土；烟水寒笼、画舫船头的飘渺意境，好比是宋词的家乡；太湖的水流到这里，如一阕柔软绵长的滩簧古唱，婉约温雅、柔韧豪放；这里的山不高，却隽秀；不奇，却雅致；不险，却是天生的一派妩媚。如此美妙的山水，必得有神奇的传说陪衬着，方显出历史的契阔与韧性。

品读这段文字就能领略全部作品语言之美了！

最后我想强调一下，宜兴的紫砂陶艺已有六百余年的发展历史，如今欣逢盛世，正处繁荣之际；而繁荣之时，不免潜入更多的商业运作，增加了不少铜臭之味。这时候，紫砂艺术需要注入更多的文化因素，使其健康发展，真正繁荣。徐风的紫砂历史大散文《一壶乾坤》的写作与出版，正当其时。我以为，它能强化紫砂艺术的文化因素，因此对其充分肯定并热切期待。当然，这仅是就紫砂艺术发展而言。如若从大的方面说，紫砂艺术乃是中华民族文化的瑰宝之一，这部紫砂历史大散文的面世，也是对我国传统文化一个功不可没的贡献。应该说，这部书的篇幅虽然不大，其文化意义和文学意义却是不可小视的。

二〇一〇年七月九日至十一日酷暑中
草于北京亚运村望云斋

参考典籍

《阳羡茗壶系》明·周高起 著

《阳羡名陶录》清·吴骞 著

《明代社会生活史》陈宝良 著 中国社会科学出版社

《中国审美文化史·元明清卷》王小舒 著 山东画报出版社

《中国民间吉祥图典》王军云著 中国华侨出版社

《中国紫砂》徐秀棠著 上海古籍出版社

《砂壶选粹》李 明 编著 上海古籍出版社

《砂壶汇赏》徐湖平主编 南京博物院

《故宫博物院藏宜兴紫砂》 王健华主编 紫禁城出版社

《仙骨佛心——家具、紫砂与明清文人》严克勤 著 生活·读书·新知 三联书店

(京)新登字083号

图书在版编目（CIP）数据

一壶乾坤／徐风著.
-北京：中国青年出版社，2011.1

ISBN 978-7-5006-9789-3

Ⅰ.①一… Ⅱ.①徐… Ⅲ.①紫砂陶-文化史-宜兴市
Ⅳ.①K876.3

中国版本图书馆CIP数据核字（2010）第255251号

责任编辑：曾玉立
装帧设计：瞿中华
出版发行：中国青年出版社
社　　址：北京东四十二条21号
邮　　编：100708
网　　址：www.cyp.com.cn
门市部：010-57350370
编辑电话：010-57350402
印　　刷：北京市十月印刷有限公司
经　　销：新华书店
规　　格：660×970　1/16
印　　张：16.5
字　　数：250千字
版　　次：2010年12月北京第1版
印　　次：2011年9月北京第3次印刷
定　　价：68.00元

本图书如有印装质量问题，请凭购书发票与质检部联系调换　联系电话：010-57350337